중보기도 특강

Lectures for Intercession Prayer

중보기도 특강

Copyright ⓒ 도서출판 대서 2016

초판 1쇄 인쇄 2016년 3월 1일
초판 1쇄 발행 2016년 3월 5일

지은이 : 최창국
펴낸이 : 장대윤
펴낸곳 : 도서출판 대서

등록 : 제22-2411호
주소 : 서울특별시 서초구 방배동 981-56
TEL : 02-583-0612 FAX : 02-583-0543
E-mail : daiseo1216@daum.net

   ISBN 979-11-86595-05-3   (03230)

* 책 값은 뒤표지에 있습니다.
* 파본은 교환해 드립니다.
* 이 출판물은 저작권법에 의해 보호를 받는 저작물이므로 무단 복제할 수 없습니다.
* 독자의 의견을 기다립니다.

중보
기도
특강

| 최창국 지음 |

LECTURES FOR
INTERCESSION
PRAYER

Lectures for Intercession Prayer

Preface
서문

　아빌라의 테레사의 일화이다. 한번은 그녀가 마차를 타고 여행을 하는데, 공교롭게도 마부가 내려준 곳이 진흙탕 길이었다. 그러자 테레사는 넘어지지 않으려고 애쓰며 이렇게 소리를 질렀다. "주님, 당신께서는 친구를 언제나 이런 식으로 대하시나요? 그러니 친구가 별로 없죠!" 그녀가 매력적인 것은 이처럼 하나님과 농담을 주고받을 정도로 친밀한 사이였다는 사실이다. 기도의 가장 중요한 목적은 하나님과 친밀함을 형성하는 것이다. 기도는 수행해야 할 과제가 아니라 하나님의 사랑과 우정에 대한 반응이다.
　우리는 하나님에 대한 교리를 믿는 것만으로는 충분하지 않다. 우리가 필요로 하는 것은 하나님이 없는 경험도, 경험이 결여된 하나님과의 지적인 만남도 아니다. 우리에게 중요한 것은 하나님을 경험하는 것이다. 하나님에 대한 신학이나 심리학이 아니라 하나님과 살아있는 관계 안에서 생명력을 경험하는 것이다. 다윗은 "너희는 여호와의 선하심을 맛보아 알지어다"(시 34:8)라고 하였다. 우리에게 가장 필요한 것은 하나님의 선하심을 경험하는 것이다. 아브라함 카이퍼는 "우리가 살아가면서 전능하신 하나님의 존재를 경험하고 그분과 인격적이고 특별한 관계를 가지기 시작할 때 비로소 하나님은 하늘에 계신 나의 주님이 된다."라고 고백하였다.[1] 우리에게 중요한 것은 하나님에 대한 지적인 믿음이 아니라 삶 속에서 우리와 함께하시는 하나님을 경험하는 것이다.

기독교 역사에서 하나님의 사랑을 경험하는 가장 귀한 젖줄은 기도였다. 기독교 전통의 중심 가르침에는 항상 기도가 있었다. 기독교의 영적 광맥을 지탱해 온 것이 바로 기도이다. 기도하는 것이 신앙으로서 기도하는 사람이 바로 신앙인이다. 기도가 없는 영혼은 가정이 없는 영혼과 같다. 기도는 하나님의 학교에서 배우는 가장 중요한 과목이다. 무릎 꿇는 사람은 결코 넘어지지 않는다. 우리가 일하면 우리가 일할 뿐이지만, 우리가 기도하면 하나님이 일하신다.

서양 격언에 "인간의 극한 상황은 하나님의 기회다."라는 말이 있다. 기도하는 사람에게는 낙심과 고난의 순간이 하나님을 경험할 수 있는 기회가 된다. 하나님을 믿는 자들의 죄는 윤리적인 것이 아니라 하나님의 사랑을 믿지 않는 것이다. 기도는 영혼의 소중한 에너지이며, 가장 아름다운 소명이다.

    자신을 위해 기도하는 것과 다른 사람에게 기도를 받는 것과 다른 사람을 위해 기도하는 것은 모두 그리스도 안에서 자라는 과정이다. 하지만 기도 중에 기도는 중보기도이다. 중보기도는 우리가 다른 사람과 함께 하나님의 사랑 안으로 들어가는 것이다. 또 가장 순결한 기도일 뿐만 아니라 축복기도의 다른 이름이다. 중보기도자는 하나님의 사역에 동참하는 사역자로서 하나님은 그들을 통해서 일하신다. 이 아름다운 사역에 참여하는 동역자들에게 본 책이 조금이라도 도움이 되기를 소망한다.

저자 최 창 국

Contents

목차

서문 _ 5

제1장 기도의 이해로의 초대 _ 13

대화로서 기도에서 듣기 _ 15
대화로서 기도에서 말하기 _ 28

제2장 기도의 삶으로의 초대 _ 33

기도는 우리의 욕구로부터 출발한다 _ 33
기도는 하나님과의 인격적인 만남이다 _ 34
기도는 지성의 눈과 마음의 눈을 사용한다 _ 35
기도는 하나님을 묵상하는 것이다 _ 39
기도는 우리 안에 하나님의 통치를 소망하는 것이다 _ 41
기도는 우리를 변화시키는 능력이다 _ 42
기도의 언어와 행동은 분리되지 않는다 _ 44

제3장 다른 사람을 위한 기도: 중보기도인가 도고기도인가? _ 47

제4장 성경의 중보기도자들 _ 53

아브라함의 중보기도 _ 53
모세의 중보기도 _ 54
사무엘의 중보기도 _ 57

에스더의 중보기도 _ 58
바울의 중보기도 _ 60
예수님의 중보기도 _ 61

제5장 중보기도로의 초대 _ 67

중보기도는 하나님이 가장 기뻐하시는 기도이다 _ 68
중보기도는 가장 진실된 사회적인 행동이다 _ 69
중보기도는 공동체를 살피는 기도이다 _ 71
중보기도는 가장 영향력 있는 사역이다 _ 73
중보기도는 사탄의 공격으로부터 우리를 지킨다 _ 74
중보기도는 자녀와 가정을 변화시킨다 _ 75

제6장 중보기도의 삶으로의 초대 _ 77

중보기도자는 하나님의 광대하심을 배워야 한다 _ 77
중보기도자는 하나님의 음성에 먼저 귀를 기울여야 한다 _ 80
중보기도자는 인간의 고난을 인과응보적으로 보아서는 안 된다 _ 82
중보기도자의 기도와 사랑은 통합되어야 한다 _ 84
중보기도자는 자기에게 상처 준 사람을 위해 기도해야 한다 _ 85
중보기도자는 영적 의미를 바르게 인식해야 한다 _ 86

제7장 중보기도 훈련으로의 초대 _ 91

중보기도도 훈련이 필요하다 _ 91
중보기도 일기를 기록하면 도움이 된다 _ 92
성경과 함께 기도하는 훈련을 해야 한다 _ 93
렉시오 디비나는 기도의 마중물이다 _ 95

제8장 효과적인 중보기도로의 초대 _ 101

중보기도에도 성격과 기질이 있다 _ 101
중보기도에도 컬러가 있다 _ 103
중보기도에도 도덕성이 있다 _ 104
중보기도의 동력은 몸의 평화이다 _ 106

제9장 중보기도의 하나님의 응답 형태 _ 109

중보기도자가 왜 절망하게 되는가? _ 109
중보기도자에게 하나님은 여섯 가지 형태로 응답하신다 _ 113
하나님의 임재 형태도 다양하다 _ 116
하나님의 음성에도 보편적인 기준이 있다 _ 117

제10장 중보기도의 능력 _ 121

기도와 건강의 관계 _ 121
중보기도의 효과 _ 124
중보기도의 축복 _ 127

제11장 중보기도자의 영적 지수 평가 _ 129

불균형적 영적성장을 지양해야 한다 _ 129
분노는 기도하는 삶을 망가뜨린다 _ 133
영적 지수 점검하기 _ 135

제12장 신앙의 유형에 따른 중보기도 _ 139

경험된 신앙과 기도 _ 139
귀속적 신앙과 기도 _ 140
탐구하는 신앙과 기도 _ 140
자기 소유적 신앙과 기도 _ 141

제13장 내적 치유를 위한 중보기도 _ 143

하나님의 테라피의 중요한 방편은 기도다 _ 143
내적 치유의 대상과 함께 기도해야 한다 _ 146
내적 치유에서도 기도는 기능적이 아니라 관계적이다 _ 147
내적 치유 대상의 문제를 알고 기도해야 한다 _ 151
중보기도자가 주의해야 할 사항들도 있다 _ 151

제14장 중보기도와 교회 _ 153

    중보기도와 교회 성장 _ 153
    중보기도와 영적 지도자 _ 155
    중보기도 사역의 유형 _ 158

제15장 중보기도와 영적 전쟁 _ 161

    중보기도자는 악한 영의 정체를 알아야 한다 _ 161
    중보기도자는 그리스도가 악한 영보다 강하다는 것도 알아야 한다 _ 164
    중보기도자는 악한 영은 대적해야 한다 _ 166
    중보기도자는 잘못된 영적 공식을 주의해야 한다 _ 168
    중보기도자는 편견의 위험성을 주의해야 한다 _ 169
    중보기도자는 악한 영의 역사와 질병을 분별해야 한다 _ 173

제16장 중보기도와 예수기도 _ 175

    호흡기도로서 예수기도 _ 175
    치유기도로서 예수기도 _ 177
    공동체적 기도로서 예수기도 _ 180
    예수기도의 실천 _ 181

제17장 중보기도와 감사기도 _ 183

제18장 중보기도와 축복기도 _ 191

제19장 중보기도와 선포기도 _ 197

제20장 중보기도와 치유기도 _ 203

    예수님의 치유기도 _ 203
    중보기도자의 치유기도와 믿음 _ 207

제21장 중보기도와 금식기도 _ 211

기도와 금식 _ 211
금식의 목적 _ 213
금식의 유형 _ 216
중보기도와 성탄절 부분 금식 _ 220
중보기도와 수난절 부분 금식 _ 223
중보기도와 추수감사절 부분 금식 _ 224

제22장 중보기도와 영혼의 어두운 밤 _ 227

영혼의 어두운 밤과 욕구 _ 228
영혼의 어두운 밤의 의미 _ 230
영혼의 어두운 밤의 신호 _ 231
영혼의 어두운 밤의 목적 _ 234
영혼의 어두운 밤과 정화 _ 236
영혼의 어두운 밤과 하나님의 침묵 _ 238
하나님의 침묵으로서 욥의 영혼의 어두운 밤 _ 240
하나님의 치유로서 탕자의 영혼의 어두운 밤 _ 242
하나님의 커리큘럼으로서 한나의 영혼의 어두운 밤 _ 244
중보기도자와 영혼의 어두운 밤 _ 246

제23장 중보기도를 위한 지침 _ 251

미주 _ 255

Chapter 01

기도의 이해로의 초대

Invitation to Understanding Prayer

기도는 다양하게 정의될 수 있지만 다음과 같이 이해될 수 있다.

- 기도는 하나님과의 대화이다.
- 기도는 단순히 간구가 아니라 하나님과의 대화이다.
- 기도는 하나님과 인격적인 만남이다.
- 기도는 하나님의 학교에서 배우는 가장 중요한 과목이다.
- 무릎 꿇고 있는 동안에는 결코 넘어지지 않는다.
- 기도는 하나님의 마음을 알아가는 것이다.
- 기도는 영혼의 소중한 에너지이며 가장 아름다운 소명이다.

우리가 일하면 우리가 일할 뿐이지만, 우리가 기도하면 하나님이 일하신다.

When we work, we work. When we pray, God works.

포스트모던 상황에 놓여있는 우리에게 기도는 중요한 영적 표지이며, 신자와 불신자를 구별해 주는 중요한 표지이다. 우리는 인간적 가치 안에서 사는 것이 살아계신 하나님 안에서 신앙을 가지고 사는 것보다 훨씬 쉬운 시대 속에 처해 있다. 이러한 시대 속에서 우리들에게 반 신앙세력들이란 도대체 누구인가. 그것은 우리 안과 주변의 좋고 나쁜 모든 것일 수 있다. 또 기도의 삶을 지켜 나가는 정원에서 우리가 피땀을 흘리지 못하게 가로막는 것들이다.

우리의 신앙을 가로막고 있는 것들은 그 자체로는 아무 흠이 없는 그야말로 우리에게 익숙하고 편한 수많은 평범한 것들이다. 이러한 반 신앙세력들 가운데서 우리는 어떻게 살아계신 하나님 신앙을 가질 수 있을까? 기독교 초기부터 지금 시대까지 한결같이 우리에게 주는 답으로 기도를 꼽고 있다. 기독교 전통의 중심 가르침에는 항상 기도가 있었다. 신앙 안에서 우리를 지키고 지탱하기 위해서는 규칙적인 개인 기도를 해야 한다. 규칙적인 개인 기도가 없으면 영혼은 교감하지도, 균형을 유지하지도 못하기 때문이다.

대화로서 기도에서 듣기

한국교회는 기도를 하나님과의 대화라고 가르치면서도, 말하는 기도인 부르짖는 기도 또는 구송기도와 묵상기도에 대해서만 이야기하고, 듣는 기도가 어떤 기도인지, 어떤 유형의 기도인지에 대해서는 가르치고 있지 않다. 기도가 하나님과 대화하는 것이라면, 대화에는 능동적 차원과 수동적 차원이 있어야 한다. 기도의 능동적 차원은 우리의 이성과 감성과 몸을 통해 드리는 구송기도와 묵상기도이다. 말하는 기도가 기도의 능동적인 차원이라면 듣는 기도는 기도의 수동적 차원이기 때문에 하나님의 은혜에 의한 '감화적' 특성을 가진 기도라고 할 수 있다. 하지만 한국교회 안에서 어떤 사람들은 '듣는 기도'를 어떤 소리나 음성을 직접 듣는 것으로 이해하는 데서 문제가 발생한다. 이러한 이해는 자칫 자기의 내면의 소리를 듣고 하나님의 음성을 들었다고 할 수도 있다. 기도에서 듣는다는 것이 음성적 소리를 직접 듣는다는 것을 전적으로 배제할 수는 없지만, 소리를 듣는다는 의미이기보다는 하나님의 사랑과 은혜를 경험하는 것이라고 할 수 있다.

즉, 기도에서 듣는다는 것은 어떤 소리를 직접 듣는다는 의미이기 보다는 하나님께서 기도하는 사람의 의식에 감화를 일으키는 '무게' 내지 '영향력'이라고 할 수 있다.

또한 "기도에서 듣는다는 것은 가장 광범위한 기도의 자세로, 분별하는 주의력을 의미한다. 그것은 내 안에 은밀하게 자리 잡고 있으며, 타인들을 통해 증명되고 삶의 경험을 통해 분명해지는 참된 근원에 주의를 기울이는 것이다. 이런 유의 경청은 청각적일 뿐 아니라, 특정 인물에게 자연스러운 가장 깊은 주의력에 의존하여, 시각적이거나 활동적, 직감적, 본능적일 수 있다."[2] 하나님과 깊은 관계를 맺기 위해서는 먼저 조용히 하나님께 귀를 기울이는 자세가 필요하다. 달라스 윌라드(Dallas Willard)는 우리가 기도할 때 하나님의 음성을 '듣는다'는 것을 '세미한 음성' 또는 '내면의 음성'으로 이해한 후에, 세미한 음성은 "하나님은 성숙한 인격적 관계 속에서 자신과 동행하는 이들에게 대체로 이 내면의 음성을 사용하여 개별적으로 말씀하시며, 그들이 걸어가는 과정에서 하나님 나라의 실제로 선포하시고 알려 주신다."라고 하였다.[3] 하지만 그는 하나님이 인간에게 말씀하시는 다양한 방식을 생각해 볼 필요가 있다고 말한다. 왜냐하면 그럴 때에만 하나님과 인간 사이의 보편적이고 가장 적합한 대화 방법인 세미한 음성의 본질과

기능을 더 잘 이해할 수 있기 때문이라는 것 이다.[4]

중요한 것은 우리가 기도할 때 '들음'을 기도하는 바로 그 시간에 하나님께서 어떤 감화나 음성을 들려주신다고 생각하는 것에서 자유로워야 한다. 하나님은 기도하는 그 시간에 어떤 감화나 음성을 들려주실 수도 있지만, 기도한 후에 일상에서 성경을 통해서도 사람들을 통해서도 자연만물을 통해서도 감화를 주시거나 어떤 음성을 들려주실 수 있기 때문이다. 이런 이해가 없으면 기도하는 그 시간에만 어떤 내면의 소리나 상상을 통해서 자기 소리를 들을 수 있는 위험에 노출될 수도 있다. 또한 하나님은 우리가 특별한 시간을 구별하여 기도할 때만 우리에게 어떤 감화를 주시거나 음성을 들려주시는 것이 아니라 일상의 삶 속에서도 여러 방편으로 말씀하시는 세미한 음성을 듣는 것이 중요하다.

성경을 통해 하나님의 음성 듣기

우리는 성경을 통해서 우리에게 말씀하시는 하나님의 음성을 들을 수 있다. 성경은 하나님의 음성을 듣는 가장 중요한 통로일 뿐만 아니라 하나님의 음성을 식별하는 가장 표준적인 기준이기도 하다. 하지만 성경을 통해서 하나님의 음성을 듣는다고 할 때 '성경 룰렛'과 같은 방법으로 주의해야 한다. 성경 룰렛이란,

기도를 한 후에나 아니면 그냥 성경을 아무데나 편 다음, 어느 구절이 걸리는지 보려고 마음대로 손가락을 갖다 대는 것을 말한다. 그렇게 아무렇게나 뽑힌 구절을 하나님께서 주신 음성이나 말씀으로 대입을 시키는 것이다. 물론 한없이 크신 하나님이시므로 하나님을 진지하게 찾는 사람들에게 그분의 뜻을 이루기 위해 '성경 룰렛'과 같은 방법을 사용하실 수도 있다. 다락방에서 유다의 자리를 대신할 사람을 뽑을 때 제비뽑기를 통하여 정하였다(행 1:26). 비록 인간이 제비를 뽑아도 "일을 작정하기는 여호와께 있느니라"(잠 16:33)는 말씀도 있다. 그러나 이러한 방법을 보편화 시켜서 하나님의 음성을 들으려고 하는 것은 성경적인 원리에 맞지 않다고 할 수 있다.

창조세계를 통해 하나님의 음성 듣기

시편은 창조세계가 하나님의 뜻을 분명하게 밝히고 있다고 증거 한다. "하늘이 하나님의 영광을 선포하고 궁창이 그의 손으로 하신 일을 나타내는도다 날은 날에게 말하고 밤은 밤에게 지식을 전하니 언어도 없고 말씀도 없으며 들리는 소리도 없으나 그의 소리가 온 땅에 통하고 그의 말씀이 세상 끝까지 이르도다 하나님이 해를 위하여 하늘에 장막을 베푸셨도다"(시 19:1-4). 창조세계는 하나님의 영광을 선포하고 찬양을 나타내는 하나님의 언어이다. 최고의 걸작품들이 예술가의 영혼을 그대로 표현하고 있는 것처럼, 자연세계도 하나님을 명백히 증거하고 있다. 하나님도 자신이 만든 피조물을 통해서 우리에게 말씀하고 계신다. 보나벤투라는 하나님께서 우리에게 세 권의 책을 주셨는데, 바로 성경과 자연과 인간의 마음이라고 하였다. 하나님은 우리에게 자연세계를 통해서도 감화를 주시고 음성을 들려주실 수 있다.

다른 사람을 통해 하나님의 음성 듣기

하나님은 우리에게 다른 사람을 통해서 음성을 들려주실 수도 있다. 하나님은 우리와 관계가 밀접한 사람들을 통해서도 우리에게 꼭 필요한 지혜나 음성을 주실 수 있다. 또는 매우 중요한 시기에 전혀 모르는 사람이 나타나 격려해 주고, 인도를 하거나 경고의 말을 통해서도 하나님은 우리에게 말씀해 주실 수도 있다. 이렇게 하나님께서 다른 사람을 통해서 어떤 말씀을 하실 때가 많지만, 우리는 깨닫지 못하는 경우가 많다. 마치 성경에 어린 사무엘에게 하나님의 음성이 들려왔을 때(삼상 3장) 사무엘은 그것이 무엇인지 몰랐고, 그런 것이 있는 줄도 몰랐던 것과 같다. 하지만 하나님과의 대화에 숙련됨과 친밀함이 형성된 사람들은 더 민감하게 깨달을 수 있다. 정신과 의사와 영적 지도자로 10년 이상 영적 수련의 신체적 효과에 대해 연구한 메이는 다음과 같은 세 가지 내용을 소개하였다.5) 첫째, 수년 동안 영적 훈련을 해 온 사람들은 지각의 확장을 경험한다. 그들은 더 이상 단순히 이것 또는 저것을 인식하는 것이 아니라 대신에 모든 것을 포함하는 파노라마 같은 인식을 경험한다. 그것은 마치 운동선수나 예술가들이 때때로 최고의 실력을 발휘하는 순간과 비슷한 경험과 같다. 이는 뛰어난 축구선수가 자기 쪽으로 공이 오는 것을 볼 때 마치 순간적으로 자기 인식 범위가 활짝 열리는 것을 경험하는 것과 같고, 축구선수가 공만 인식하는 것이 아니라 경기장의 다른 선수들, 바람 부는 느낌, 군중의 소리까지 모든 걸 인식하는 것과 같다. 심지어 그의 심장의 박동, 하늘에 떠 있는 구름 모양까지 느낄 수 있는 것과 같은 것이다. 영적 수련의 두 번째 효과는 순간의 상황을 무의식적으로 예리하게 인지하거나 다루는데 자연스럽고 유연한 반응이다. 그것은 종종 위기의 순간에 잠시 동안 경험할 수 있는데 영적 수련을 많이 한 사람의 경험에서는 이런 즉각적이고 정확한 반응이 자연스럽게 나타나기도 한다. 영적 수련의 세 번째 효과는 자기 인식이다. 여기서 자기 인식이란, 자기 주위에 있는 것뿐만 아니라 자기 안에 있는 것 또한 주목하게 되는 것을 의미한다. 그것은 고통스럽고 드러내고 싶지 않은 자기의 모습을 직면하는 것이기에 즐거운 일이 아닐 수도 있다. 그러나 시간이 지날수록 이러한 경험은 자신의 장점과 단점에 대한 훨씬 더 현실적인 평가를 하게 된다. 영적 수련은 확장된 지각, 향상된 반응 그리고 더 큰 자기 인식을 경험하게 된다. 때문에 영적 수련을 통하여 이러한 경험을 한 사람은 상당한 효율성을 지니게 되고, 보통을 능가하는 힘과 지혜를 갖게 된다.

환경을 통해 하나님의 음성 듣기

하나님은 우리가 처한 환경을 통해서도 말씀하실 수 있다. 하나님은 우리에게 넓은 문을 닫아두시고 좁은 문으로 걸어가라고 말씀하실 수 있다. 힘들고 어려운 인간관계를 통해서 이전에 경험해 보지 못했던 것을 깨닫고 새로운 것에 관심을 갖게 하실 수 있다. 하나님은 우리의 환경을 통해서 삶의 우선순위를 재조정하게 하실 수도 있다. 매일의 삶 속에서 우연한 일이라고 생각했던 것이 하나님의 메시지일 수도 있다. 때문에 우리의 상황 속에서 어떤 상황에 처하든지 "하나님, 지금 저에게 무슨 말씀을 하고 계십니까?"라고 묻는 것은 매우 좋은 자세이다. 이렇게 모든 일상의 삶에서 하나님께 귀 기울이려고 하는 자세도 기도의 한 차원이다.

꿈을 통해 하나님의 음성 듣기

하나님의 음성을 듣는 통로로써 하나님의 말씀인 성경은 반석과 같고 꿈은 모래와 같은 역할을 하지만, 꿈이 때로는 아주 중요한 통로가 될 수 있다. 기독교 역사에서 콘스탄틴 대제가 313년에 기독교를 공인하게 된 결정적인 역할을 한 것은 꿈이었다. 콘스탄틴 대제가 312년, 기독교가 공인되기 한 해 전 어느 날, 한 비전을 보았다. 하늘에 헬라어로 카이(X: Chi)와 로(P: Rho)라는 글자였다. 그는 그 의미가 무엇인지 알 수 없었다. 밤에 꿈에서 그는 그리스도가 그 상징을 손에 들고 있는 것을 본다. 이 경험으로 인해 그는 기독교로 회심하였고, 300여 년간의 그리스도인들을 향한 긴 박해를 끝내고 기독교를 공인하게 된다.

모턴 캘시(Morton Kelsey)[6]와 존 샌포드(John Sanford)[7]는 우리의 내면에서 볼 수 있는 상징들이 영적인 의미를 가지고 있다고 믿었다. 우리의 꿈은 이러한 상징과 심상을 나타내는 수단이기 때문이다. 성경에서도 하나님은 종종 상징과 심상으로서 중요한 역할을 꿈을 통해서 인간에게 말씀하신 것을 알 수 있다. 즉, 야곱의 꿈(창 28:11-27), 요셉의 꿈(창 37:5-9), 요셉과 함께 옥에 갇힌 두 신하의 꿈(창 40:5-19), 바로의 꿈(창 42:1-7), 느부갓네살의 꿈(단 4:4-18), 솔로몬의 꿈(왕상 3:5-15)이 좋은 예이다. 때문에 우리는 우리의 꿈에 귀를 기울일 가치가 있다. 하지만 모든 꿈이 하나님으로부터 온 영적인 꿈이라고 생각해서는 안 된다. 왜냐하면 대부분의 꿈은 우리의 심리적인 현상이기 때문이다.

마음을 통해 하나님의 음성 듣기

우리의 마음을 통해서도 하나님은 말씀하실 수 있다. 우리는 기도 중에나 일상의 삶에서 직감적으로 또는 말할 수 없는 평안이나 위안의 경험을 통해서 하나님의 역사를 경험할 수 있다. 로욜라의 이냐시오(Ignatius of Loyola)는 영들의 작용에 의해 발생하는 내적 정서들 중에서 영적 위안과 영적 황량을 하나님의 뜻을 발견하는 데 중요한 요소로 보았다.[8] 영적 위안은 우리의 영혼이 하나님의 사랑으로 가득하도록 이끌어가는 내적 움직임이다. 또 우리를 하나님의 사랑에 의해서 회개의 눈물을 흘리게 하고, "믿음, 소망, 사랑의 증진 그리고 모든 내적 기쁨"이 그 안에 포함된다.[9] 영적 황량은 "영혼의 어두움, 영혼의 혼돈, 땅의 것을 추구하고자 하는 충동, 영혼의 불안함" 등을 야기하는 내적 움직임이다.[10]

내면의 움직임의 근원이 선한 영인지 악한 영인지를 분별하기 위해서는 악한 영의 전략과 전술을 알아야 한다. 악한 영은 영혼의 영적 성숙의 단계에 따라 달라진다. 먼저, 죄악과 죄악을 전전하며 살아가는 영혼이다. 이런 영혼에게 악한 영은 감각적인 쾌락과 만족감을 제공한다. 악한 영은 이런 영혼에게 이렇게 함으로써 더욱더 죄에 젖어들도록 이끌어간다. 여기서 악한 영이 주는 감각적인 즐거움과 만족감은 마치 영적 위안처럼 보이지만 영적 황량이다. 다음은 죄악된 생활에서 벗어나 영적 성숙을 소망은 하고 있지만, 영적 성숙에 이르지 못한 영혼이다. 이런 영혼에게 악한 영은 근심과 슬픔을 동반한 고통을 주기도 하고, 장애물을 제공하여 영혼이 성숙하지 못하도록 방해한다. 하지만 선한 영은 악한 영과 정반대이다. 선한 영은 죄악을 따라 살아가고 있는 영혼에게는 양심의 가책과 후회를 일으키고, 하나님의 뜻에 따라 살고자 소망하며 영적 성숙을 추구하는 영혼에게는 용기와 힘, 위로, 눈물, 영감, 평안 등을 제공한다.[11]

이냐시오는 영혼이 영적 황량을 경험하게 되는 세 가지 이유와 영적 황량함을 경험하고 있는 동안에 해야 할 것과 하지 말아야 할 것을 제시하였다. 영적 황량함을 경험하게 되는 첫째 원인은 경건의 훈련을 게을리했기 때문이다. 다음은 하나님께서 영혼을 시험하시는 것이다. 하나님께서는 영적 위안이 없는 동안에도 하나님을 섬기는 일에 얼마나 진보를 이루었는지를 보기 원하신다. 마지막으로 영혼의 참된 자기 이해와 자신의 영적 현주소를 알게 하기 위해서다. 이러한 과정을 통해 하나님은 영혼으로 하여금 참된 영적 성숙은 오직 하나님의 은혜에 의해서만 가능하다는 것을 알게 하시고, 영혼이 겸비하게 하기 위해서다.[12]

영혼이 악한 영으로부터 온 영적 황량을 경험할 때 하지 말아야 할 것은 이전의 결정을 변경하지 말라는 것이다. 영적 황량의 과정에서 영혼이 해야 할 것은 첫째, 악한 영을 피하는 것이 아니라 대적하는 것이다. 영적 황량함을 경험할 때 악한 영은 기도 시간을 줄이도록 유혹한다. 이 유혹에 반격하여 오히려 기도와 참회에 더 많은 시간을 가져야 한다. 둘째, 영적 황량의 순간에도 하나님이 이미 우리 안에 죄의 유혹에 대항하여 싸울 수 있는 은총의 힘을 주셨다는 것을 기억해야 한다. 셋째, 영적 위안이 찾아 올 것이라는 것을 생각하며 영적 황량의 기간을 끈기 있게 인내하는 것이다.[13]

영혼이 영적 위안을 경험하고 있을 때 반드시 해야 할 것은 두 가지이다. 하나는 영적 황량이 찾아올 때 어떻게 행동할 것인가를 생각해야 한다. 다른 하나는 가능한 한 최대로 겸손하라는 것이다. 영적 황량을 경험했던 때의 자신의 모습이 어떠했는지를 기억하여 지금의 영적 위안은 전적으로 하나님의 은혜이지 나의 영적 탁월성 때문이 아니라는 것을 알고 겸손해야 한다.[14]

악한 영이 광명의 천사처럼 과장하여 영적 위안처럼 느껴지거나 생각되는 거짓 위안도 있다는 것을 기억해야 한다. 때문에 영적 위안은 하나님, 선한 영 그리고 악한 영으로부터 온다는 것이다. 먼저 오직 하나님만이 아무런 사전 원인(previous cause)이 없이 영혼에게 영적 위안을 주실 수 있다. 여기서 사전 원인은 영혼의 지각이나 의지 작용을 통하여 위안이나 행복감을 제공해 주는 어떤 생각이나 사건을 의미한다.[15] 쉽게 서술하면, 사전 원인이 없이 하나님께로부터 온 영적 위안은 영혼의 환경과 조건이 전혀 영적 위안을 경험할 수 있는 상황이 아닌데도 경험하는 것이다. 하나님께로부터 온 영적 위안은 사전 원인이 없는 위안(consolation without previous cause)이다. 하나님께로부터 온 이러한 영적 위안은 하나님의 뜻을 드러내는 참된 표지라고 할 수 있다. 다른 모든 영적 위안은 이 사전 원인이 없는 영적 위안의 기준에 비추어 그 진위가 분별되어야 한다.

사전 원인이 있는 영적 위안(consolation with previous cause)은 그 근원이 선한 영일 수도 있고 악한 영일 수도 있다. 때문에 사전 원인이 있는 영적 위안을 경험했을 때는 영적 분별이 요구된다. 선한 영이 주는 영적 위안은 영혼의 진보를 위해서 영적 위안을 주지만, 악한 영은 영혼이 정도를 벗어나 그의 사악한 의도에 따르도록 하기 위해 거짓 영적 위안을 준다. 여기서 특별히 주의해야 할 것은 빛의 천사처럼 가장한 악한 영의 정체이다. 빛의 천사를 가장한 악한 영은 경건한 영혼에게 적합한 거룩한 생각을 갖게 한다. 하지만 마지막에는 정도에서 벗어나게 한다. 이냐시오는 빛의 천사를 가장한 악한 영의 유혹에 빠지지 않기 위해서는 영혼이 생각의 전 과정을 주의 깊게 살펴보아야 한다고 말한다. 생각의 변화의 전 과정과 그 생각의 변화에 따른 정서 상태가 어떻게 변화되어 왔는지를 관찰해야 한다는 것이다. 생각의 전개 과정에서 시작과 중간과 끝의 과정이 선함-선함-덜 선함의 형태나 선한-덜 선함-더 덜 선함의 형태로 진행되어 영적 황량을 가져다주었다면, 악한 영의 덫이 사고의 과정 중 그 어디엔가 있다는 것이다. 그러나 사고의 전 과정이 선하게 진행되었다면 그 사고들은 선한 영으로부터 온 것이며, 그 사고들은 하나님의 뜻과 일치된다는 것을 의미한다고 하였다.[16] 핵심은 선한 영으로부터 오는 영적 위한은 동기와 과정과 결과가 선하다. 하지만 악한 영으로부터 온 거짓 영적 위안은 처음 동기는 선한 것 같지만 결과는 악하고 파괴적이다.

대화로서 기도에서 말하기

우리는 기도할 때 하나님께서 우리에게 무슨 말씀을 하려고 하시는지 잘 알지 못할 때가 많지만, 우리가 하나님께 무엇을 말하려고 하는지는 잘 알고 있다고 생각하는 경우가 많다. 하지만 우리는 하나님께 솔직히 말하기보다는 형식적이고 상투적인 용어로 말할 때가 많다. 즉, 우리는 기도할 때 어떤 금기 사항을 습관처럼 지키고 있다. 예를 들면, 분노, 절망, 내면에서 솟구치는 부정적인 언어들과 같은 감정의 언어들은 하나님 앞에서 표현하기가 부적합하다고 생각하는 경향이 있다. 그러나 우리는 마음속에서 일어나는 감정을 있는 그대로 다 이야기할 필요가 있다. 기쁨과 감사, 희망과 믿음뿐만 아니라 고통과 슬픔, 공포와 실망, 기대와 욕구, 질문과 의문, 실패와 연약함, 애통과 절망, 분노와 미움까지도 하나님께 모두 말할 수 있어야 한다.

시편의 기자는 기도할 때 모든 감정을 하나님께 적나라하게 표현하였다. 시편 42편의 시인은 이국땅에 포로로 잡혀가 하나님께 애타게 기도했지만, 하나님은 응답하지 않으시고 사람들이 그에게 "너의 하나님이 어디 있느냐?"며 조롱하자, 이 질문을 가리켜 "내 육체에 치명적인 상처"라고 하나님께 원망의 언어를 쏟아낸다. 즉, "내 육체에 치명적인 상처를 주면서 나를 대적하는 자들이 나를 조롱하고 비방합니다."라며 불만의 소리를 쏟아낸 것이다. 시인은 또한 하나님을 향해 이렇게 말한다. "내 반석이신 하나님께 말하기를, 어찌하여 나를 잊으셨나이까? 내가 어찌하여 원수의 압제로 인하여 슬프게 다니나이까?" 시인은 정직하게 자기의 고통과 슬픔을 말한다.

시편의 다윗도 사울왕의 추격을 피해 도망하는 중에 솔직하게 하나님께 자기의 마음과 감정을 모두 말하며 부르짖었다. 다윗은 "내가 내 원통함을 그 앞에 토하며 내 우환을 그 앞에 진술"(시 142:2)하였다고 고백하였다. 그는 "오른쪽을 살펴보소서 나를 아는 이도 없고 나의 피난처도 없고 내 영혼을 돌보는 이도 없나이다"(시 142:4)라고 탄식한다. 우리가 기억해야 할 것이 있다. 그것은 "탄식은 저항으로 표현된 순종이며, 의심으로 표현된 믿음이며, 거부로 표현된 승인이다."[17] 예수님도 "엘리 엘리 라마 사박다니." 즉, 나의 하나님, 어찌하여 나를 버리시나이까?"라고 탄식하셨다. 하나님은 우리의 언어보다 중심을 보신다.

우리는 주변이 엉망일 때 만사형통인 척하지 말아야 한다. 우리는 하나님을 믿지 않으면서 믿는 척하지 말아야 한다. 하나님의 응답이 없어 화가 나 있으면서 하나님과 평화로운 척하지 말아야 한다. 하나님이 믿어지지 않을 때는 믿어지지 않는다고 솔직하게 말하면서 기도해야 한다. 우리는 기도할 때 밤을 새워 씨름하고 결국 환도뼈를 다쳤어도 하나님이 축복하시기 전까지 천사를 놓아주지 않은 야곱처럼 기도할 필요가 있다(창 32:23-32). 필립 얀시는 욥의 경우를 본으로 삼아 하나님과 정직하게 씨름하는 과정을 묘사한다.

> 욥기는 당신이 하나님께 무슨 말이라도 할 수 있다는 대담한 메시지를 전한다. 당신이 느끼는 슬픔, 분노, 의심, 비통, 배신, 실망을 하나님께 모두 말씀드리라. 그러면 그분이 그 모든 것을 받아주실 것이다. 흔한 경우는 아니지만, 성경에 나오는 영적 거장들도 하나님과 다투었다. 그들은 하나님과 관계를 끊기보다는 야곱처럼 절뚝거리더라도 그 앞에 나아가기를 더 좋아했다... 하나님은 모든 인간의 반응에 대응하신다. 단 한 가지, 인간은 본능적으로 뒤로 물러서는 반응에는 대응하실 수가 없다. 그 반응은 하나님을 무시하고 마치 하나님이 존재하지 않는 것처럼 하나님을 취급하는 것이다. 욥은 단 한 번도 그렇게 반응한 적이 없다.[18]

우리는 욥과 야곱과 같은 사람들을 통해서 하나님과 씨름하는 것을 배우게 된다. 하나님과 씨름한다는 것은 우리의 생각과 감정을 정직하게 아룀으로써 하나님과 재결합하려는 시도이다. 그것은 하나님께 책임을 돌리는 것이 아니라, 하나님과 가장 정직한 방법으로 대화하는 것이기 때문에 신뢰와 친밀감을 다시 세울 수 있는 것이다.

우리는 하나님께 말할 때 마음속에서 일어나는 좋은 감정뿐만 아니라 힘들고 때로는 부정적인 감정까지도 솔직하게 하나님 앞에 모두 말할 수 있어야 한다. 하나님은 그분의 사랑뿐만 아니라 우리 속의 외로움과 혼란까지도 그대로 표현하도록 기다려 주시는 분이시기 때문이다. 하지만 우리는 우리가 만들어 놓은 규칙과 윤리적인 논리로 하나님께 기도하려는 습관에 익숙해져 있다. 즉, "우리들 대부분은 착한 사람들, 특히 그리스도인들은 분노나 울분의 감정들을 갖지 않는다고 믿으며 자랐다. 우리는 이것들을 부인하거나 실제가 아닌 척하거나 이것을 무시하고 싶은 강한 유혹을 느낀다."[19] 때문에 우리는 하나님께 기도할 때 우리의 감정을 포장하지 않고 솔직하게 표현할 수 있는 힘을 주시도록 성령의 도움을 구하며 기도해야 한다.

Lectures for Intercession Prayer

Special Lecture 02

기도의 삶으로의 초대

Invitation to a Life of Prayer

기도는 우리의 욕구로부터 출발한다

우리는 연약하고 가난한 존재이기 때문에 우리가 필요로 하는 것들을 위해 하나님께 기도하는 것은 지극히 자연스러운 것이다. 우리는 하나님께 우리의 필요들을 위해 기도를 많이 한다. 우리는 이러한 종류의 기도를 피할 수 없다. 우리는 염려 가운데 있을 때, 어떤 어려움을 겪을 때 하나님께 울부짖는다. 성경에는 한 개인이나 공동체가 필요로 하는 것을 위해 하나님께 도움을 구하는 기도의 예들을 많이 볼 수 있다. 비를 위한 기도, 전염병이 그치길 바라는 기도, 건강과 장수를 위한 기도, 병 고침을 위한 기도 등이다.

인간의 필요를 위한 기도가 이기적이라고 생각하면서 하나님께 아무것도 구하지 않는 것은 하나님 앞에 오히려 가식된 것이다. 기도가 인간의 욕구로부터 출발한다는 말은 정당하다. 인간의 욕구가 기도생활의 가장 원초적인 동기가 된다. 칼빈은 "하나님께서는 어린아이들이 어려운 근심 걱정이 있을 때마다 부모님께 달려가 피난처를 구하듯이 우리도 어려운 일이 있을 때마다 당신을 찾도록 경고하고 촉구하신다."라고 하였다.[20] 성경은 기도가 인간의 자연적 욕구와 필요에 의하여 발생한다는 것을 무시하지 않는다. 그러나 기도에서 욕구를 위한 청원이 필수적이고 기초적이긴 하지만, 모든 것은 아니다. "기도란, 하나님에 대한 지식을 얻기 위해서 그리고 그 안에서 성장하기 위해서 하나님과 함께 교제의 기쁨을 나누기 위해서 하나님과 대화하고 교제할 수 있는 관계 속으로 들어가는 것이다."[21]

기도는 하나님과의 인격적인 만남이다

기도는 분명히 우리의 필요를 구하는 것 이상이다. 성경에서 기도의 본질을 다양하게 가르치고 있지만 한마디로 기도는 하나님과의 인격적인 만남이고, 대화이다. 또 하나님과의 관계이다. 성숙한 대화와 관계는 서로를 대상이 아닌 인격으로 만난다.

마르틴 부버(Martin Buber)는 대화를 '나-그것'의 만남과 대조되는 '나-너'의 만남으로 정의했다. '나-너'의 만남은 어느 쪽도 서로를 대상으로 만들지 않는다. 기도에서 참된 대화에 대한 가장 경건한 감각은 인간과 하나님의 신성한 차이를 유지하면서 동시에 존경과 사랑의 친밀한 관계를 허용하는 '나-당신(Thou)'이라는 인식이다. 성숙한 기도는 하나님을 대상으로 관계하지 않고, 인격적인 관계를 형성한다.

기도는 우리가 하나님의 능력을 선언하는 것이다. 그러나 이 능력은 감각주의적인 사고를 넘어선 갈망이다. 하나님을 갈망하는 것은 영혼이 보다 더 큰 존재로 서는 것이다. 바로 그리스도의 형상을 이루는 것이다. 이를 위해 우리는 그리스도의 영인 성령의 초대에 응답하려는 개방적이고 자원하는 마음을 구해야 한다.

기도는 지성의 눈과 마음의 눈을 사용한다

예수님은 기도로 많은 병자를 치료하셨고 제자들에게도 그 능력을 주셨다. 바울은 자신이 많은 이적을 행했다고 증언하고 있다(롬 15:18; 고후 12:12). 야고보는 병자들을 위해 교회지도자들이 기도해 주라고 권고한다(약 5:14). "믿음의 기도는 병든 자를 구원하리니 주께서 그를 일으키시리라"(약 5:15). 여기에서 말하는 '구원'은 병으로부터의 구원을 가리킨다.

한때 '과학적'이라고 자처하던 사람들이 '치유기도'를 미신적이라고 비판했지만, 이제는 오히려 의사들이 기도의 효과를 인정하는 추세이다. 기도와 영성생활이 '대체의학'(alternative medicine)으로 인정받고 있고, 의학자들에 의해 임상적으로 연구되고 있다. 많은 사람이 과학은 지식으로만 한다고 생각한다. 그러나 과학도 지성의 눈과 마음 또는 영의 눈을 함께 사용할 때 훨씬 더 풍성하게 할 수 있다. 평생 약학대학 교수로서 생화학을 가르쳤던 한 그리스도인의 고백이다.

> 생화학 교수로서 호흡에 대해 강의할 때 나는 지금도 학생들에게 입체안경과 입체그림(stereo view)을 주고 헤모글로빈(또는 미오글로빈)의 공간구조를 보라고 한다. 평면상에서 어지럽게 선으로 표시된 글로빈 단백질과 헴(heme)의 관계를 이해하려는 것은 따분하지만, 입체안경을 통하여 보게 되는 대상은 평면에서는 체험하지 못하는 3차원의 구조요, 헤모글로빈과 산소의 관계를 이해하는 데 많은 도움이 된다. 2차원에서 무질서하고 어지럽게 보이는 글로빈은 3차원의 세계에서는 헴을 받쳐주고 기능과 직결되는 질서 있고 의미 있는 존재라는 것을 알게 된다.

입체안경을 받아든 모든 학생이 3차원의 헤모글로빈 구조를 보는 것은 아니다. 학생들은 입체그림 자료, 즉 주의 깊게 보지 않으면 구별할 수 없을 만큼 비슷한, 나란히 놓인 두 그림 중앙에 입체경을 놓고 양쪽 눈을 다 사용했을 때에만 공간 구조를 볼 수 있다. 그 순간 교수는 도와줄 수 없고 개입할 수 없는 완전한 3자로 물러나고 학생은 입체자료와 홀로 대면하게 된다. 잠시의 침묵 후, 그가 보았다는 것은 그의 반응, "아!" 혹은 "와~"라는 탄성과 함께 얼굴의 환한 미소로서 간단히 알 수 있다. 내가 소개하고자 하는 그 세계, 3차원의 세계에 들어가는 데는 학생 스스로의 의지와 훈련을 겸한 노력이 필요하다. 그러나 모든 것이 다 갖추어졌다고 해도 한쪽 눈을 감는 것은 3차원 보기를 포기하는 것이다. 양쪽 눈을 다 뜨고 보아야만 양쪽 눈 각각의 상이 겹치면서 3차원의 구조가 보이기 때문이다. 나는 그간 교사로서 거의 한쪽 눈만 사용했다. 지성의 눈과 마음의 눈, 두 눈을 다 뜨고 새로운 세계를 보는 것을 배우고 훈련받아야 할 필요성과 강한 의욕을 동시에 느꼈다.[22]

하나님과 풍성한 관계 안에서 살아가는 사람들이 일반학문도 더 잘할 수 있다. 지성의 눈과 마음의 눈을 모두 사용하면 더 많은 것과 더 깊은 차원을 볼 수 있기 때문이다. 기도 속에서 우리는 새로운 나, 새로운 지식을 얻게 된다. 그 신비한 지식은 우리를 더 깊고 풍성하게 한다.

기도의 사람이 반드시 놓치지 말아야 할 것이 있다. 그것은 하나님의 도우심을 의지해 인간의 생명을 구하기 위해 애쓰는 의료인들도 하나님의 선한 사역자라는 것이다. 필요한 경우에 감사하는 마음으로 병원 치료를 받아야 한다. 병원 치료를 받으면 하나님이 도와주지 않으실 것이라고 오해하면 안 된다. 하나님께서는 그 사람에게 병원 치료를 통하여 치료하실지 아니면 기적으로 그를 치유하실지 그것은 하나님의 섭리에 속하는 것이다. 기도의 사람은 자녀의 학업을 위해 기도한다. 하지만 기도만 하고 자녀의 공부를 방치하는 것은 잘못된 신앙이다. 역으로 자녀가 공부만 하게하고 기도하게 하지 않는 것 또한 불신앙이다.

지금까지 우리는 종종 종교는 종교고 과학은 과학으로만 생각하는 경향이 많았다. 전혀 관계가 없는 별개의 것으로 생각했다. 이것은 잘못된 생각이다. 물론 과학과 종교가 서로 배치되는 것이 있으나 이 둘은 모두 하나님께서 주신 선물이다.

우리는 계시에는 특별계시와 일반계시가 있다고 믿는다. 일반계시는 하늘과 태양, 사계절의 기후와 같은 자연현상과 과학을 통해 하나님이 얼마나 크고 능력 있는 분인지를 알게 한다. 긍정적인 의미에서 과학은 하나님의 사랑을 더욱 넓게 볼 수 있는 자료를 제공해 준다.

기도는 하나님을 묵상하는 것이다

우리는 우리 자신을 묵상하면 좌절하기 쉽지만, 하나님을 묵상하면 위로가 넘친다. 여기에 기도의 힘이 있다. 또 기도의 비밀이 있다. 불완전하고 부족하고 허물 많은 우리를 묵상하기보다는 하나님의 은혜를 묵상할 때 소망이 우리를 감싼다.

우리 자신을 묵상하면 우리는 시기하고 불평하고 원망하는 야수와 같은 모습을 보게 될 것이다. 기독교 역사에서 가장 위대하게 쓰임 받았던 사람 중에 한 사람인 교부, 존 크리소스톰(John Chrysostom)은 이렇게 고백하였다.

나는 나 자신의 영혼을 알고 있다. 얼마나 연약하고 미약한 것인가. 나는 이 목회가 중대하고 그 일이 얼마나 어렵다는 것을 잘 알고 있다. 왜냐하면 바다를 어지럽히는 강풍보다 사제의 영혼을 소란하게 하는 폭풍노도가 더 거세기 때문이다. 그리고 무엇보다도 먼저 가장 고약한 허영이라는 암초, 즉 신화를 퍼뜨리는 사람들의 그토록 놀라운 이야기가 말해 주는 바다의 요정 사이렌의 유혹보다 더 위험한 것이 허영과

자만심이다. 왜냐하면 많은 사람들이 다치지 않고 무사히 배를 저어 피해 갈 수 있었다고 하지만, 나에게는 너무 위험하여 심지어 지금까지도 나를 피할 수 없게 강제로 떠밀어 심연 속으로 처넣을 것이 없을 때에도 나는 그 유혹을 피할 수 없다. 그러나 어느 누가 이 책임을 나에게 지우고자 한다면, 그것은 마치 내 두 손을 뒤로 묶어 바다에 살고 있는 야수에게 데리고 가서 날마다 내 몸을 발기발기 찢도록 하는 것과 똑같은 것이다. 그 야수가 무엇이냐고 묻는다면, 그것은 격노, 시기, 분쟁, 비방, 거짓, 위선, 음모, 아무 해도 끼치지 않은 사람들에 대한 분노, 동료 사제들의 성공에 대하여 슬퍼하기, 칭찬 받는 것을 좋아하기, 명예 갈망, 참으로 무엇보다 인간 영혼으로 하여금 멸망으로 곤두박질치게 하는 것, 쾌락을 주도록 고안된 학설, 아첨의 노예가 되는 것, 비열하게 해롱거림, 가난한 사람 업신여기기, 부자 비위 맞추기, 몰상식하고 유해한 것 존중하기, 제공하는 사람이나 받는 사람 모두에게 위험을 가져오는 호의 좋아하기, 가장 천한 노예들에게만 어울리는 천한 두려움, 평범한 말 쓰기 전폐, 극히 겸손한 척 짐짓 꾸미는 태도, 그러나 진리를 배척하기, 가책과 책망 억제하기, 또는 권세 가진 자의 지위 높은 사람들에게는 감히 입조차 열지 못하면서 가난한 사람들을 향해서는 가책과 책망을 지나치게 사용하기 등이다.[23]

기도는 우리를 묵상하는 것이 아니라 하나님의 은혜를 묵상하는 것이다. 기도의 시간은 하나님의 사랑을 사모하는 시간이다. 하나님의 치유를 간구하는 것이고, 하나님의 은혜와 사랑과 치유를 우리에게 선포하는 시간이다.

기도는 우리 안에 하나님의 통치를 소망하는 것이다

기도 속에서 우리는 초월적 영, 성령과 접촉하게 된다. 깊은 기도 속에서 때로는 기도가 막히고 우리가 마땅히 기도할 바를 알지 못해서 신음과 탄식밖에 없을 때, 성령 또한 말할 수 없는 탄식으로 우리를 위하여 친히 간구하신다. 기도 속에서 우리에게 마음의 감화가 주어지고, 우리의 교만한 지식은 비워지고, 하나님의 마음으로 채워진다. 때문에 하나님의 마음을 가진 사람들은 기도의 중요성을 안다.

기도는 우리 안에 하나님의 통치가 이루어지게 하는 것이다. 주님이 가르쳐 주신 기도에는 "나라가 임하옵시며."라는 내용이 있다. 하나님의 나라가 임하게 해달라는 것은 하나님의 통치를 소망하는 것이다. 본회퍼는 이렇게 말했다. "우리가 그리스도를 만날 때, 둘 중에 하나는 죽어야 한다. 내가 죽으면 그리스도가 살고, 내가 살면 그리스도가 죽는다." 우리 속에서 우리가 죽으면 그리스도가 살고, 우리가 살면 그리스도가 죽는다. 그래서 바울은 "나는 날마다 죽노라."라고 고백하였다. 사도 요한과 같이 우리 안에 하나님 나라가 흥하기를 소망하는 기도가 바로 복된 기도이다. 기도는 우리 안에 하나님의 마음이 흥하기를 소망하는 것이다.

　기도는 우리의 말과 언어에 하나님의 나라가 임하기를 소망하는 것이다. 기도하면서 부정의 언어를 사용하는 사람은 없다. 저주의 언어를 내뱉는 사람도 없다. 우리를 힘들게 하고 상처 준 사람을 용서하고 사랑하게 해달라고 기도한다. 기도하면서 우리는 아름다운 상상과 묵상을 하게 된다. 기도는 우리의 언어를 조련하고, 감사의 언어로 바꾼다. 축복의 언어로 승화시킨다. 우리의 언어가 아름다워지고 건강해지면 우리의 마음도 몸도 건강해진다. 그래서 기도는 진정으로 축복된 행위이다.

기도는 우리를 변화시키는 능력이다

　요즈음 심리치료에 대한 연구가 많이 이루어지고 있다. 문명이 발달할수록 사람들의 심리는 병들어가기 때문이기도 하다. 심리치료 영역에서 가장 중요한 도구 중에 하나는 언어이다. 최근

신경의학계에서는 뇌 속의 언어중추신경이 모든 신경계를 지배하고 있다는 것을 발견하고, 이것을 정설로 받아들이고 있다. 그래서 이것을 치료에 적용하는 언어치료법이 생겨났다. 환자에게 하루에 2-3번 정도, 10-15분 동안 언어치료법을 시행하는 것이다. 만약 당뇨병 환자라면 "나의 혈당치는 정상이 되고 있다."라고 반복해서 10-15분 정도 말하게 하는 형태이다. 이런 언어치료는 많은 효과가 있다는 것이 증명되고 있다.

하나님이 우리를 사용하고자 하실 때와 치료하고자 하실 때 먼저 하시는 일은 혀를 치유하는 일이다. 우리의 혀를 치유하는 가장 좋은 방법은 하나님 앞에서 자기 언어를 먼저 살피는 것이다. 이사야가 하나님을 만났을 때 그의 입술의 부정함을 고백했다. "그때에 내가 말하되 화로다 나여 망하게 되었도다 나는 입술이 부정한 사람이요 입술이 부정한 백성 중에 거하면서 만군의 여호와이신 왕을 뵈었음이로다"(사 6:5). 이사야가 하나님께 쓰임 받기 전에 가장 먼저 소망했던 것은 입술의 치유였다. 역으로 우리가 우리의 삶 속에서 하나님이 주신 마음과 언어를 가지고 긍정적으로 말하고 선포하는 것은 가장 아름다운 유형의 언어일 뿐만 아니라 그것은 또한 아름다운 기도라고도 할 수 있다. 키에르케고르가 "기도는 하나님을 변화시키는 것이 아니라 기도하는 사람을 변화시키는 것이다."라고 말한 것에서 지혜를 얻을 수 있듯이, 기도하면서 자기 언어가 전혀 변하지 않는 사람보다 고난 속에서 자기 언어를 소망의 언어로 바꾸는 것이 기도 행위이다. 왜냐하면 기도의 가장 중요한 목적 중에 하나가 자기 자신을 변화시키는 것이기 때문이다.

기도의 언어와 행동은 분리되지 않는다

　기도는 두 가지 기능이 있다. 하나는 기도가 하나님께 무엇인가를 구하는 청원이라면, 다른 하나는 기도가 하나님의 인격에 대해 생각하는 경배이다. 기도는 하나님의 도움을 청하는 것이기도 하지만, 하나님의 뜻이 우리 안에 이루어지기를 바라는 것이다. 기도가 무엇인지를 말해 주는 이야기가 있다.
　어떤 수도자가 스승을 찾아와 말했다. "선생님, 저는 집에 들어올 때 타고 온 낙타를 묶어 두지 않고 풀어 놓고 왔습니다. 낙타가 도망가지 않을 것이라는 믿음이 있기 때문입니다. 저는 매사에 이렇게 믿음으로 행합니다." 칭찬을 기대했던 스승에게서 호통소리가 나왔다. "이 멍청아! 당장 나가서 낙타부터 묶어 두고 와!"
　탈무드에 나오는 이야기이다. 어느 랍비가 늙어 은퇴하게 되었다. 힘든 일을 더 이상 할 수 없게 된 랍비는 하나님께 기도했다. 복권에 당첨되게 해달라는 것이었다. 한 달이 지나고 일 년이 지나고 삼 년이 흘렀지만 응답이 없었다. 랍비는 더 이상 참을 수 없어서 소리쳤다. "하나님, 숨 좀 돌리게 해 주세요." 그러자 하나님도 소리를 쳤다. "나도 숨 좀 돌리자. 복권부터 사라!"

우리의 기도는 간청에만 관련되어 있는 것이 아니라, 간청한 바를 성취하려는 참여 또는 행위와도 관련이 있다. 아내가 아팠을 때 병의 회복을 위한 간구와 함께 아내를 의사에게 데리고 가야 한다. 공부하는 학생은 좋은 성적을 위해 기도해야 한다. 하지만 입술로만 기도하고 공부를 열심히 안 하면 좋은 성적을 거둘 수가 없다. 교회의 평화를 위해 간구하면서 내게 상처를 준 성도를 용서하지 않는다면 그것은 바른 기도가 될 수 없다.

진정한 기도는 우리의 행동을 필요로 한다. 우리는 기도할 때 하나님의 뜻을 알아내고 실행함을 통해 하나님의 동역자가 된다. 여기서 말하는 동역자란 존재론적 동역자가 아니라 실천적 동역자이다. 진정한 기도는 언어와 행동을 분리시키지 않고 통합한다. 하나님께 부자가 되게 해달라고 입으로만 기도하는 사람과 입으로 기도하면서 열심히 땀을 흘리는 사람은 결과가 다를 수 있다. 왜냐하면 하나님은 구하는 자에게 주시긴 하지만, 심는 대로 거두게 하시는 하나님이시기 때문이다. 이 둘은 대극의 쌍처럼 보이지만 엄밀한 의미에서 통합된다. 즉, 우리는 입으로만 기도한다고 생각할 수 있지만 우리는 행위로도 기도한다고 보아야 한다.

Special Lecture 03

다른 사람을 위한 기도: 중보기도인가 도고기도인가?

Meaning of Prayer for Others?

우리는 다른 사람들을 위하여 기도해야 한다(딤전 2:1, 마 6:11-12, 약 5:14). 그렇다면 다른 사람을 위한 기도를 어떻게 표현해야 더 옳은지를 살펴볼 필요가 있다. 한국교회 안에는 예수님만이 사람과 하나님 사이의 유일한 중보이시므로 중보기도라는 용어는 예수님에게만 사용되어야 하고, 우리가 다른 사람을 위해 기도하는 것은 중보기도라고 하면 안 된다는 관점이 있다. 이러한 주장이 바른 관점인지 살펴볼 필요가 있다.

먼저 중보라는 말은 예수님 이외에 사용해서는 안 된다는 관점에 대한 논의가 필요하다. 그렇다면 성경에서 '중보'라는 단어가 예수님에게만 사용되었는지를 살펴볼 필요가 있다. 성경에는 중보라는 말이 예수님에게만 쓰인 것이 아니다. 중보라는 단어는 예수님에게 사용되었을 뿐만 아니라 모세에게도 사용되었다. 신약성경에는 '중보' 또는 '중보자'(mediator)를 의미하는 단어가 6번 나온다. 중보의 원어는 '메시테스'인데, 원래는 '중개인', '화해자', '중재자'(딤전 2:5)란 뜻이다. 중보라는 단어가 4번(딤전 2:5, 히 8:6, 9:15, 13:24)은 예수님에게 사용되었고, 2번은 모세에 대해 사용되었다. 모세를 중보로 표현한 곳은 갈라디아서에 나온다. "그런즉 율법은 무엇이냐 범법함을 인하여 더한 것이라 천사들로 말미암아 중보의 손을 빌어 베푸신 것인데 약속하신 자손이 오시기까지 있을 것이라 중보는 한편만 위한 자가 아니니 오직 하나님은 하나이시니라"(갈 3:19-20). 여기서 '중보의 손'과 '중보'는 하나님의 율법을 인간에게 전해 준 모세를 가리킨다.

성경에서 '중보'(mediator)란 단어는 예수님과 모세에게 사용되고 있지만, 정확하게 한자로 표현하면, 예수님은 '가운데 중'을 써서 '중보'(中保)로, 모세는 '버금 중'을 써서 '중보'(仲保)를 써야 보다 더 성경적인 가르침에 가깝다고 할 수 있다. 하나님과 인간 사이의 진정한 중보자는 오직 예수님뿐이시고, 하나님을 대신해서 중보자에 버금가는 역할을 한 사람이 모세이기 때문이다.

중보자이신 예수님이 드리는 모든 기도는 중보기도라고 신학적으로 추론할 수 있다. 그러나 우리가 다른 사람을 위해 하는 기도는 중보기도란 단어를 사용하면 안 되고, 예수님이 중보이시기 때문에 중보기도는 예수님에게만 사용되어야 한다는 주장은 논리적·신학적 비약이라고 할 수 있다. 사실 예수님이 드리는 기도가 중보기도라고 구체적으로나 명시적으로 기록한 곳은 성경 어디에도 없다. 예수님의 기도는 대제사장의 기도이다(히 7:22-25).

우리는 예수님과 같이 하나님과 인간을 중보 또는 중재하는 중보자(中保子)는 아니지만, 그리스도의 권세와 사명을 위임받은 '작은 예수' 또는 '작은 중보자'(仲保子)이다. 때문에 중보라는 말은 인간에게 사용해서는 안 되고 무조건 예수님에게만 써야 한다는 주장은 너무나 단순한 논리라고 할 수 있다. 중요한 것은 중보라는 말을 어떤 의미로 쓰느냐이다.

다음은 중보(mediation)와 도고(intercession)의 한글 해석상의 문제에서 오는 어려움도 있다. 디모데전서 2장 1절에서 '도고'는 원문에서 '엔튝시스'인데, 대부분의 영어 성경은 이를 '인터세션즈'(intercessions)으로 번역하고 있다. '인터세션'(intercession)은 '인터시드'(intercede)의 명사형인데, '인터시드'는 '인터'(Inter, 사이)와 '시드'(cede, 가다)의 합성어로서, '중재하다', '중간에 들어가 조정하다'라는 뜻이다. 때문에 '다른 사람을 위해 기도'하는 것의 영어의 표현인 인터세션은 중재 또는 중보, 조정, 알선, 주선,

청원의 뜻이 있다. 이는 중재 또는 중보로 번역될 수 있으므로 성경에서 '중보자'를 말하는 '미디에이터'(mediator)와 번역상에 혼란이 생길 수 있다. 때문에 만일 개역성경이 애초에 이 단어를 '중재자' 또는 '중개자'로 번역했다면 혼동을 피할 수도 있다. 표준 새번역은 디모데전서 2장 1절의 '인터세션'을 '중보'로 번역하고 있다. 우리가 중보기도란 말을 사용할 때는 하나님과 사람 사이의 유일한 중보이신 예수님의 의미가 아니라 신약의 만인제사장으로서 '다른 사람을 위해서 드리는 기도'로 사용할 때는 문제가 없다고 할 수 있다.

또한 디모데전서 2장 1절의 '엔튜시스'를 대부분의 영어 번역본들이 '인터세션스'(intercessions)로 번역하고 개역성경은 '도고'(禱告)로 번역하고 있다. 여기서 도고란 말은, '빌 도'(禱)자와 '고할 고'(告)자의 합성어로서 문자적으로는 '기도로 고하다'는 뜻이다. 물론 고(告)자가 '알릴 고'와 '하소연할 고'란 의미가 있기 때문에 '도고'란, '기도로 하소연 하다'는 뜻이 있기도 하다. 중국어 성경은 '대신하는 기도'라는 뜻으로 '대구'(代求)라고 번역하고 있다.

다른 또 하나의 중요한 요소는 언어란 같은 단어이지만 문맥에 따라 다른 의미로 사용될 수도 있고, 다른 단어라도 문맥에 따라 같은 의미로 사용될 수 있기 때문에 한 단어의 의미를 지나치게 문자적으로만 정의하여 사용하면 실제로 많은 문제를 야기할 수 있다. 같은 단어를 사용할 때도 문맥과 사용 목적에 따라 의미는 달라질 수 있다. 때문에 지나치게 '문자 중심'으로 단어를 해석해서는 안 되고, 같은 단어라도 문맥에 따라 뜻이 다를 수도 있다는 사실을 인지하는 것은 대단히 중요하다. 신약성경에서 '사륵스'(sarx)는 문맥에 따라 크게 두 가지 의미로 쓰인다. 먼저 인간의 삶의 모든 영역에서 하나님께 불순종하려는 인간의 성향을 의미한다. 때문에 여기서 사륵스는 인간 그 자체를 가리키는 것이 아니라 인간의 죄성을 의미한다. 바울 자신도 가끔 '죄를 짓는다'는 생각과 어느 정도 관련해서 육을 쓰기도 한다. 가령 "너희는 성령 안에서 행하라. 그리하면 육체(sarx)의 욕심을 이루지 아니하리라"(갈 5:1 이하). 바울은 로마서 8장 9절에서 그리스도인은 '육을 따라' 살지 않고, '영을 따라' 사는 자라고 말한다. 죄성을 의미하는 사륵스는 육신과 관련된 죄성만을 의미하는 것이 아니라 전인에 의해서 범해지는 죄 또는 죄성으로 이해되어야 한다. 하지만 육(sarx)이 언제나 '죄성'만을 의미하는 용어가 아니다. 다음은 사륵스는 인간 존재의 외적이고 육체적인 국면으로 이해된다. 이런 의미에서 사륵스는 육체라는 관점에서 바라본 인간을 말한다. 문맥에 따라 인간의 의미로 쓰이는 경우도 있다.

예를 들면, 사도행전 2장 17절, "하나님이 가라사대 말세에 내가 내 영으로 모든 육체에게 부어 주리니."에서 육체에 해당하는 '사륵스'는 인간 그 자체로서 특별히 오순절 성령 강림의 체험을 한 제자들이다.

디모데전서 2장 1절에서 '도고'로 해석된 '엔튝시스'가 같은 성경 4장 5절에서는 단순히 '기도'로 번역되었다. 헬라어 사전에 의하면 이 단어는 독립적으로 기도라는 뜻으로 번역되지만, 기도를 의미하는 다른 단어와 함께 사용될 때는 도고 또는 중보기도란 뜻으로 번역될 수 있다.24)

오늘날 중보기도라는 용어를 사용하는 대부분의 사람은 '미디에이션'(mediation)이란 뜻의 '중보'(中保)가 아니라 '인터세션'(intercession)이란 의미의 '중보'(仲保 또는 重保)라는 단어를 사용하고 있다. 오늘날 개신교에서 '중보기도'(intercession 또는 intercessory prayer)를 하는 사람들 중에서 로마 카톨릭의 신부들처럼, 자기가 예수님과 사람 사이의 중보라고 생각하며 기도하는 사람은 없다.

Special Lecture 04

성경의 중보기도자들
The Intercessors in The Bible

아브라함의 중보기도

믿음의 조상이라 칭함을 받았던 아브라함도 중보기도의 사람이었다. 아브라함은 천사들을 통해 자기 조카 롯이 살고 있는 소돔과 고모라 성에 하나님의 심판이 임하게 될 것이라는 경고를 듣고 조카 롯이 멸망 받지 않도록 간절히 기도하였다(창 18:22-26). 아브라함은 하나님 앞에 나아가 간절히 중보기도를 한다. "아브라함이 가까이 나아가 이르되 주께서 의인을 악인과 함께 멸하려 하시나이까"(창 18:23).

아브라함은 하나님 앞에서 철저하게 자신을 낮추며 겸손하게 기도한다. "아브라함이 대답하여 이르되 나는 티끌이나 재와 같사오나 감히 주께 아뢰나이다"(창 18:27). 아브라함이 하나님께 소돔과 고모라 성에 의인 오십 명이 있으면 그들을 위하여 성을 멸하지 않으실 수 있냐고 물었을 때, 하나님은 소돔 성읍 가운데서 의인 오십 명을 찾으면 그들을 위하여 멸하지 않겠다고 말씀하셨다(창 18:24-26). 그러나 아브라함의 생각에 소돔 성읍에 의인 오십 명이 있을 것 같지 않자, 의인 오십 명이 사십오 명으로, 사십오 명이 사십 명으로 점점 줄어 나중에는 열 명만 있어도 멸망을 거두어 주시도록 기도하였지만 의인 열 명이 없었다(창 18:27-32).

아브라함은 소돔과 고모라 성이 멸망 받지 않도록 열정적이고 끈질기게 기도하였다. 비록 소돔과 고모라 성은 심판을 받았지만 그의 조카 롯은 구원받을 수 있었다(창 19:29). 우리는 아브라함의 중보기도를 통해 믿음으로 기도하고, 겸손한 자세로 기도하며, 응답받을 때까지 열정적으로 기도하는 것의 중요성을 깨닫게 된다.

모세의 중보기도

이스라엘 백성들을 애굽의 노예에서 출애굽시켰던 모세도 중보기도의 사람이었다. 여호수아가 아말렉 사람들을 물리친 르비딤

전투에서 군대를 이끌고 싸우는 동안 모세가 산에 올라가서 여호수아를 위하여 기도한 이야기는 너무나 유명하다. 모세가 손을 들고 기도하면 여호수아가 이기고, 손을 내리면 여호수아가 밀리는 일이 일어났다. 때문에 모세는 계속 손을 올려 기도해야 했다. 이때 모세와 함께 있던 아론과 훌이 그의 손을 붙들어 주었다. 그 결과 여호수아는 전쟁에서 이길 수 있었다(출 17:8-13).

모세가 이스라엘 백성이 금송아지를 만들어 우상숭배를 했을 때 하나님께서 그들의 죄 값을 보응하려고 하시자 백성들을 위해 중보한 이야기는 특히 감동적이다.

이스라엘 백성들은 출애굽 후에 광야의 여정에서 모세가 하나님의 계시를 받기 위해 시내 산에 올라간 지 40여 일이 지나도록 내려오지 않자, 금으로 송아지 형상을 만들어 신으로 삼고 섬기며 숭배하였다. 이에 하나님께서 크게 진노하셔서 이스라엘 백성을 멸하시겠다고 하셨고, 모세는 이스라엘 백성들의 죄악의 용서를 구하며 하나님께 목숨을 건 기도를 한다. 하나님은 모세의 간절한 중보기도를 들으시고 뜻을 돌이키셔서 이스라엘 백성들을 멸하지 않으신다(출 32:11-14).

모세는 애굽에서 종살이하던 자기 백성을 하나님께서 은혜로 구원해 주셨음에도 은혜를 저버리고 우상을 숭배한 죄를 회개하였다. "모세가 야훼께로 다시 나아가 여짜오되 슬프도소이다 이 백성이 자기들을 위하여 금신을 만들었사오니 큰 죄를 범하였나이다"(출 32:31). 뿐만 아니라 모세는 자신의 생명을 담보로 동족의 구원을 위해 중보기도를 하였다. 모세는 하나님께 기도하기를 "그러나 이제 그들의 죄를 사하시옵소서 그렇지 아니하시오면 원하건대 주께서 기록하신 책에서 내 이름을 지워 버려 주옵소서"(출 32:32)라고 심령으로 토로하였다.

이스라엘 백성의 중보자 모세는 목이 곧은 이스라엘 백성과 달리 하나님 앞에 겸손하게 엎드려 사십 일을 밤낮으로 먹지 않고 기도하였다. 전적인 희생과 끈기로 참회의 기도를 드렸다. 하나님께서는 모세의 중보기도를 들으시고 이스라엘 백성들에게 내릴 심판을 보류하신다.

하나님은 모세와 같은 중보기도의 사람을 통해서 일하신다. 이 시대에도 이웃, 가족, 교회, 민족의 허물과 아픔을 품고 기도할 수 있는 사람은 귀하다. 하나님은 모세처럼 제사장의 마음과 심장으로 하나님께 기도하는 사람을 이 시대에도 부르고 계신다. 모세처럼 하나님의 심장을 가지고 교회와 세상을 보며 기도하고, 이웃의 문제를 자기의 문제로 여기며 무릎 꿇을 줄 아는 사람은 아름답다.

사무엘의 중보기도

사무엘은 블레셋이 이스라엘을 침략하였을 때 온 백성이 두려워 떨고 있을 때 중보기도를 하였다. "이스라엘 자손이 미스바에 모였다 함을 블레셋 사람들이 듣고 그들의 방백들이 이스라엘을 치러 올라온지라 이스라엘 자손들이 듣고 블레셋 사람들을 두려워하여 이스라엘 자손이 사무엘에게 이르되 당신은 우리를 위하여 우리 하나님 여호와께 쉬지 말고 부르짖어 우리를 블레셋 사람들의 손에서 구원하시게 하소서 하니 사무엘이 젖 먹는 어린 양 하나를 가져다가 온전한 번제를 여호와께 드리고 이스라엘을 위하여 여호와께 부르짖으매 여호와께서 응답하셨더라 사무엘이 번제를 드릴 때에 블레셋 사람이 이스라엘과 싸우려고 가까이 오매 그 날에 여호와께서 블레셋 사람에게 큰 우레를 발하여 그들을 어지럽게 하시니 그들이 이스라엘 앞에 패한지라"(삼상 7:7-10).

위기 상황에서 두려움이 몰려올 때 하나님의 사람에게 중보기도를 부탁하는 것의 중요성을 배우게 된다. 우리는 두려운 상황에 직면할 때 다른 사람에게 기도를 부탁하여 함께 기도하는 삶의 중요성을 놓쳐서는 안 된다. 교회 공동체는 이런 의미에서 중보기도의 공동체이기도 하다.

사무엘은 그의 어머니 한나처럼 기도의 사람이었다. 사무엘은 "나는 너희를 위하여 기도하기를 쉬는 죄를 여호와 앞에 결단코 범하지 아니하고 선하고 의로운 길을 너희에게 가르칠 것인즉 너희는 여호와께서 너희를 위하여 행하신 그 큰일을 생각하여 오직 그를 경외하며 너희의 마음을 다하여 진실히 섬기라"(삼상 12:23-24)라고 하였다. 그는 중보기도를 멈추는 것을 여호와 앞에 죄를 범하는 것으로 여기며 기도한 지도자였다.

에스더의 중보기도

에스더는 바사 제국의 아하수에로 왕의 포로인 유대인 중 한 명이었지만, 왕후가 되었다. 그러나 하만의 모함으로 유대 민족을 멸절시키라는 왕의 조서가 내려지자 에스더의 삼촌 모르드개가 에스더에게 "이때에 네가 만일 잠잠하여 말이 없으면 유다인은 다른 데로 말미암아 놓임과 구원을 얻으려니와 너와 네 아비 집은 멸망하리라 네가 왕후의 위를 얻은 것이 이 때를 위함이 아닌지 누가 아느냐"(에 4:14)라고 말한다. 모르드개의 말을 들은 에스더가 "당신은 가서 수산에 있는 유다인을 다 모으고 나를 위하여 금식하되 밤낮 삼 일을 먹지도 말고 마시지도 마소서 나도 나의 시녀로 더불어 이렇게 금식한 후에 규례를 어기고 왕에게 나아가리니 죽으면 죽으리이다."라고 하자 모르드개가 가서 에스더의 명한 대로 다 행하였다(에 4:15-17).

에스더는 자신을 위해서 중보기도를 요청하고, 자신도 시녀들과 함께 삼 일 동안 온전히 금식기도를 하면서 간절히 하나님의 도우심을 구했다. 에스더는 기도한 후 민족을 구하겠다는 결심으로 목숨을 걸고 아하수에로 왕에게 나아가자 왕은 그녀에게 "왕이 이르되 왕후 에스더여 그대의 소원이 무엇이며 요구가 무엇이냐 나라의 절반이라도 그대에게 주겠노라"(에 5:3) 한다. 그 후 에스더는 왕에게 하만이 유다인을 진멸하려고 한 계획을 말하고 자기 민족을 구원하게 된다(에 8:4-8). 그녀는 자기 민족을 구원하였을 뿐만 아니라 영광과 즐거움과 기쁨과 존귀함까지 더하게 하였다(에 8:16).

특별히 죽으면 죽으리라는 마음으로 민족을 위해 기도한 에스더는 우리에게 중요한 교훈을 준다. 그것은 민족에 대한 사랑과 자기를 넘어선 믿음의 기도였다. 이를 통해 공동체가 어려움과 위기에 직면했을 때 기도가 얼마나 중요한 것인지를 일깨워 준다. 그것은 자기를 넘어서 공동체의 고통에 참여하는 아름다움이 역사를 창조한다는 교훈을 일깨워 준다. 중보기도는 '자기에게 주어진 기쁨을 포기하고 다른 사람의 고통 속으로 들어가는 것이다'(out of the pain into the pain of others). 그 고통은 깊은 차원에서 보면 창조적 고통이다.

바울의 중보기도

세계를 복음으로 흔들어 놓은 하나님의 사람 사도 바울도 중보기도의 사람이었다. 바울은 예수님을 제외하고 신약에서 가장 위대한 중보기도의 사람이었다. 그는 "나의 형제 곧 골육의 친척을 위하여 내 자신이 저주를 받아 그리스도에게서 끊어질지라도 원하는 바로라"(롬 9:3)라고까지 하였다. 생명을 걸고 자기 민족의 구원을 위하여 주님께 중보기도하였다. 사도 바울은 또한 "모든 기도와 간구로 하되 무시로 성령 안에서 기도하고 이를 위하여 깨어 구하기를 항상 힘쓰며 여러 성도를 위하여 구하라"(엡 6:18)라고 하였다. 그는 로마서에서도 골로새서에서도 한결같이 중보기도를 강조한다. 바울은 "항상 내 기도 중에 쉬지 않고 너희를 말하며"(롬 1:9 하)라고 하였고, "이로써 우리도 듣던 날부터 너희를 위하여 기도하기를 그치지 아니하고"(골 1:9 상)라고 고백했다. 바울이 예수님을 만나기 전에는 법으로 살고 힘으로 살았지만, 예수님을 만나고 나서는 '꿇은 무릎, 젖은 눈'의 사람으로 살았다.

예수님의 중보기도

예수님은 중보자 중에 중보자이시다. 진정한 중보자이셨던 예수님은 인류를 위해 중보하셨다. 인류를 위하여 십자가에 죽으시기 직전까지 겟세마네 동산에서 눈물로 기도하였다. 예수님은 베드로를 위해 기도하셨고(눅 22:32), 제자들과 교회를 위해 대제사장적 중보기도(요17장)를 드렸다.

예수님은 십자가의 고난을 앞두고 대제사장적 중보기도를 하셨다. 먼저 자신을 위해 기도하시고, 그 다음 제자들과 모든 성도들을 위해 기도하셨다. 예수님은 먼저 "아버지여, 창세전에 내가 아버지와 함께 가졌던 영화로써 지금도 아버지와 함께 나를 영화롭게 하옵소서"(요 17:5)라고 기도하셨다.

예수님은 이 땅에 남아 복음의 진리를 증거해야 할 제자들을 위해서도 기도하셨다. 또 아들과 아버지가 하나이신 것 같이 제자들 또한 진리와 사랑 안에서 하나 되게 해달라고 구하였다. "나는 세상에 더 있지 아니하오나 그들은 세상에 있사옵고 나는 아버지께로 가옵나니 거룩하신 아버지여 내게 주신 아버지의 이름으로 그들을 보전하사 우리와 같이 그들도 하나가 되게 하옵소서"(요 17:11). 예수님은 하나님의 이름으로 악한 세상에서 제자들을 보전해 달라고 기도하셨다. "내가 비옵는 것은 그들을 세상에서 데려가시기를 위함이 아니요 다만 악에 빠지지 않게 보전하시기를 위함이니이다"(요17:15). 또한 제자들을 복음의 진리로 거룩하게 해달라고 기도하셨다. "그들을 진리로 거룩하게 하옵소서 아버지의 말씀은 진리니이다"(요 17:17).

예수님은 제자들뿐만 아니라 장차 제자들의 복음 증거를 듣고 자신을 믿게 될 모든 성도를 위해서도 구하였고, 먼저 성도들이 하나가 되게 해달라고 기도하였다. "아버지여, 아버지께서 내 안에, 내가 아버지 안에 있는 것 같이 그들도 다 하나가 되어 우리 안에 있게 하사 세상으로 아버지께서 나를 보내신 것을 믿게 하옵소서"(요 17:21). 성부 하나님과 성자 예수님이 하나이듯이 성도들도 하나가 되어 하나님과 예수 그리스도 안에 있게 하여 세상이 예수 그리스도를 믿게 되기를 기도하셨다. 뿐만 아니라 예수님은 성도들이 장차 하나님의 영광에 참여하게 해달라고 기도하셨다. "아버지여 내게 주신 자도 나 있는 곳에 나와 함께 있어 아버지께서 창세전 부터 나를 사랑하시므로 내게 주신

나의 영광을 그들로 보게 하시기를 원하옵나이다"(요 17:24).

예수님의 대제사장적 중보기도는 이 땅을 떠나시기 직전에 하나님께 드린 기도이다. 예수님의 중보기도에는 아주 중요한 내용과 특징이 있다. 그것은 예수님이 말씀하신 "내게 맡겨주신 사람들에게"(요 17:6)라는 내용이다. 예수님의 중보기도의 심연에는 하나님의 자녀들이 하나님의 영광의 별들이 되기를 소망하는 마음이 강물처럼 흐르고 있다.

번창하는 가정과 공동체와 교회는 사람을 보배롭게 보고 존귀하게 여긴다. 사람보다 귀한 것은 없다. 이 땅에 있는 교회가 사람을 소중히 여기고 아끼고 귀하게 여기는 공동체가 되기를 기도해야 한다. 이것이 교회의 중보기도 목적이 되어야 한다. 무엇보다도 영혼을 사랑하고 사람을 세우는 교회가 되기 위해서 기도해야 한다. 교회는 하나님의 말씀과 기도로 사람들을 돌보는 곳이다. 참된 종교와 거짓 종교를 구별하는 방법은 사람을 대하는 자세에서 찾을 수 있다. 참된 종교는 사람을 소중히 여기지만, 거짓된 종교는 사람을 수단으로 삼는다. 교회가 하나님의 영광의 별이 되려면 사람을 소중히 여기고 존귀하게 대하며 보배롭게 보고 기도해야 한다.

예수님의 기도의 3분의 2가 제자들을 위한 기도였다. 사람들을 위한 기도인 것이다. 예수님의 참된 정신을 이어 받는 제자와 교회가 되려면 사람을 소중히 여기는 제자와 교회가 되게 해달라고 우리는 기도해야 한다. 중세시대, 특히 후기에 매 주일 예수님의 이름을 부르며 성만찬을 행했다. 그러나 예수님의 생명이 약화되어가고, 거대한 성당과 수많은 사람을 거느리고 있었다. 베드로 성당을 건축하는 데 140년이 걸렸다. 그 성당을 짓기 위해 면죄부를 팔기 시작했다. 면죄부 티켓을 사면 예수를 믿지 않고 죽었을지라도 연옥으로 들어갈 수 있다고 유혹하며 티켓을 팔았다. 예수님의 생명을 돈과 바꾸어버린 것이다. 교회가 타락하면 사람보다 돈을 더 중요하게 여긴다. 우리는 교회가 돈보다 하나님을 사랑하는 교회가 되게 해달라고 기도해야 한다. 이는 중보기도 사역자들의 막중한 사명이라 할 수 있다.

예수님은 "세상 중에서 내게 주신 사람들에게 내가 아버지의 이름을 나타내었느니라"(6절)고 말씀하셨다. 하나님께서 우리 각자에게 주신 사람들이 있다. 탈무드에 이런 유명한 말이 있다. "빚진 자들이여, 빚진 자들이여, 힘을 합하십시오. 그리고 누군가 당신 곁에 있는 한 사람에게 축복의 등불이 되어 주십시오." 하나님께서 우리에게 허락하신 사람들에게 우리가 축복의 등불이 되게 해달라고 기도해야 한다. 나의 자녀, 나의 남편, 나의 아내,

예수 안에서 만난 지체들, 민족에게 축복의 등불이 되게 해달라고 예수님처럼 기도해야 한다. 이것이 중보기도의 진정한 목적이다.

Lectures for Intercession Prayer

Specila Lecture 05

중보기도로의 초대
Invitation to Intercession Prayer

중보기도보다 더 영향력을 발휘하는 사역이나 지도력은 없다. 이것보다 더 귀한 지위나 명예나 권위도 없다. 당신은 기도를 통해 다스리도록 구원받았다. 당신이 성령 충만을 받은 것은 기도를 통해 다스릴 수 있는 자격을 부여하기 위해서이다. 당신의 기도가 활성화될 때 비로소 다스릴 수 있다.

-웨슬리 듀웰-

- 교회는 만민을 위해 기도하는 집이다.
- 중보기도는 가장 순결한 기도이다.
- 중보기도는 축복기도의 다른 이름이다.
- 중보기도는 선택과목이 아니라 필수과목이다.
- 중보기도는 우리의 신앙생활 세계를 확장한다.

예수님은 "내 집은 만민이 기도하는 집이다"(My house will be called a house of prayer for all nations)(막 11:17)라고 선언하셨다. 여기서 예수님은 하나님의 집의 목적을 "만민을 위해 기도하는 집"(a house of prayer for all nations)이라고 말씀하신 것에 주목할 필요가 있다. 예수님은 하나님의 교회의 목적은 만민을 위해 기도하는 것, 즉 중보기도 하는 것이라고 하셨다. 교회는 온 족속(all nations)을 위하여 기도하는 집이다. 중보기도의 집인 것이다. 그러므로 중보기도는 교회의 선택과목이 아니라 필수과목이다.

중보기도는 하나님이 가장 기뻐하시는 기도이다

존 스토트(John Stott)는 "사람들은 하나님 앞에서 기도하며 무릎을 꿇을 때 가장 고귀하고 훌륭한 상태가 된다. 기도하는 것은 진정으로 하나님을 닮는 일일 뿐 아니라 진정으로 사람이 되는 일이기도 하다."라고 하였다.25) 그렇다면 하나님이 가장 기뻐하시는 기도는 무슨 기도일까? 가장 아름다운 기도는 어떤 기도일까? 하나님께서 가장 기뻐하시는 기도는 중보기도이다. 중보기도는 가장 아름다운 기도요 성경적인 기도로서 어떤 유형의 기도보다 순결함이 있다. 또 자신의 필요보다 다른 사람들을 위한 이타적인 특성이 있기에 가장 차원이 높은 기도이기도 하다.

중보기도는 우리의 기도생활에서 없어서는 안 될 최상의 기도요 가장 아름다운 기도이다. 중보기도는 우리의 신앙생활의 세계를 확장하며, 가족과 이웃을 품게 하고, 세계를 품게 하는 존귀함이 있다. 또 우리의 신앙생활이 개인주의적이고 심리적인 차원을 넘어서게 해준다. 우리의 기도하는 대상의 넓이와 차원에 따라 신앙의 질적인 차이가 달라질 수 있다. 중보기도는 하나님께서 우리의 시야와 세계를 넓히시기 위한 커리큘럼이다.

파스칼의 말처럼 우리는 갈대처럼 연약한 존재이지만, 우리가 이웃을 품고 민족을 품고 세계를 품을 때 가장 위대한 존재가 된다. 중보기도는 하나님의 마음으로 세계를 품는 가장 복된 행위이다.

중보기도는 가장 진실된 사회적인 행동이다

더글라스 스티어(Douglas Steere)는 "중보기도는 인간이 할 수 있는 가장 진실된 사회적 행동이라고 할 수 있다. 다른 사람들을 위해서 드러나게 행동하면 그 동기가 불순해지기 쉬운데 반해 중보기도를 은밀히 행할 때 이런 위험은 오지 않는다."라고 말한다.26) 제랄드 메이(Gerald May)는 우리가 세상을 사랑하는 영적 방식을 『무지의 구름』의 저자를 통해 다음과 같이 진술하였다.

나는 『무지의 구름』의 저자가 정곡을 찔렀다고 생각한다. 하나님만을 향한 내 갈망은 내 친구들에게 더 많은 도움이 될 것이다. 왜냐하면 하나님을 향한 내 갈망이 그들을 진정으로 도울 수 있는 행동들을 낳을 것이기 때문이다. 그것은 도움을 주는 행동은 하지 않으면서 하나님만을 갈망하는 것이 아니라, 진정으로 도움이 될 수 있는 행동들의 근원이 되시는 하나님을 갈망하는 것이다. 이것은 그렇게 단순하다. 효율성을 우선시한다면 세상은 오늘날의 모습처럼 된다. 그러나 사랑을 우선시한다면 효율성의 전체 의미가 변할 것이다... 사랑은 어떠한 목적에 대한 수단이 될 수 없다. 사랑은 우주의 강한 영적 에너지이다. 그것은 우리가 참여하는 것이지, 이용하는 어떤 것이 아니다. 아무튼 사랑을 향한 우리의 갈망과 사랑의 과정에 참여하려는 우리의 무의식적인 반응 사이에는 충분한 공간이 있어야 한다. 그렇지 않으면 도움을 주려는 광적인 시도가 오히려 진정한 사랑을 망칠 것이다.27)

기도는 공동체적이고 사회적인 행동이다. 예수님이 제자들에게 "주의 나라가 임하옵시며."라고 기도하라고 가르치셨을 때,

예수님은 궁극적으로 지상에서의 하나님의 통치는 기도하는 사람들을 통해서 성취된다는 것을 가르치신 것이다. 기도는 세상을 등진 행위가 아니라 하나님이 우주의 삶의 중심에 계시다는 것을 인정하는 것이다. 때문에 이러한 기도 행위는 세상에서의 진정한 영적 참여이다. 그러므로 기도 없이는 세상에서 진정한 영적 참여는 있을 수 없다. 요한계시록 8장 3-5절에는 성도의 기도가 세상에 미치는 효과를 묘사하고 있다. 성도의 기도는 천국의 향로와 함께 천사에 의해 하나님의 존전으로 올라간다. 그 후 "천사가 향로를 가지고 단 위의 불을 담아다가 땅에 쏟으며 뇌성과 음성과 번개와 지진이 난다." 이는 기도가 우주에 미치는 생생한 묘사이다. 비록 우리의 기도가 우리의 눈에 직접적인 결과로 나타나지 않을지라도 우주적인 영향력을 가지고 있는 영적 활동이다.

중보기도는 공동체를 살피는 기도이다

중보기도는 우리가 공동체의 일원이고 공동체가 우리를 지원하듯이 공동체의 건강을 하나님께 간구하는 기도이다. 중보기도는 공동체의 필요를 살피고 공동체의 아픔을 함께 아파하며 기쁨을 함께 찬양하는 기도이다. 공동체의 활동에서 공동체를 위한 중보기도는 핵심이라고 할 수 있다. 우리는 유대인들의 공동체를 위한 중보기도에서 중요한 것을 배울 수 있다. 그들의 중보기도의 특징의 하나는 축복기도이다. 다른 사람을 축복하며 기도하는 것을 귀중하게 여긴다. 또 다른 하나의 특징은 공동체를 살피는 '쩨다카(Tzedakah)'이다. 쩨다카는 문자적으로는 '정의'라는 의미이지만 유대인들에게는 보통 '자선'의 의미로 사용된다. 그들은 나눔을 인식하고 사회 정의에 협력하는 쩨다카를 가치 있게 여기고 어릴 때부터 자녀들에게 가르친다. 쩨다카는 그들의 문화 속에 배어 있다.[28] 유대인들에게 나눔과 사회 정의는 하나의 기도이기도 하다. 그들은 축복과 나눔을 하나님과 건강한 관계의 척도로 보았다. 공동체 안에서 축복기도와 나눔은 그들의 중보기도의 형태들이었다고 할 수 있다.

중보기도의 중요성은 초대교회로부터 지금까지 교회 공동체의 중요한 사명이었다. 초대교회에 의해 사용되고 종교개혁자들이 실천하고 성경에서 발견되는 중보기도의 네 가지 영역은 첫째, 국가 관헌들(롬 13:1-7; 딤전 2:2)을 위해서, 둘째, 기독교 목회사역(마 9:36-38; 딤전 2:1-2)을 위해서, 셋째, 모든 사람의 구원(딤전 2:1, 3, 4)을 위해서, 넷째, 고난 받는 자들(고후 1:3-4, 11; 약

5:13-18)을 위해서 하는 기도였다.29)

중보기도는 가장 영향력 있는 사역이다

　기독교 역사에서 수많은 영혼을 구원한 무디 목사의 위대한 사역도 한 중보기도 사역자의 기도로부터 시작되었다. 무디 목사가 잘 알려지지 않았던 때의 이야기이다. 런던 북쪽에 있는 한 회중교회에서 주일 설교를 부탁을 받았다. 그 교회에서 무디 목사는 주일 오전에 말씀을 전했다. 하지만 그의 설교는 성도들에게 전혀 감동을 주지 못했다. 그는 좌절하고 저녁 설교를 사양하고 돌아가려고 했다. 그러나 그 교회의 레시 목사님이 강력하게 부탁해서 할 수 없이 주일 저녁에도 말씀을 전하게 되었다. 그런데 그날 저녁 예배에 놀라운 일이 일어났다. 무디 목사는 오전과는 달리 보이지 않는 능력이 교인들에게 임하여 역사하는 것을 느꼈다. 설교를 짧게 하였는데도 결신자 초청에 500여 명이 넘게 임했다. 이 경험을 기점으로 무디 목사는 유명한 복음의 대역사를 시작하게 되었다. 그러나 그 날 저녁 이 놀라운 하나님의 역사의 무대 뒤에는 한 기도의 여인이 있었다. 무디 목사는 그날 밤 놀라운 하나님의 역사가 병상에서 기도한 한 여 성도의 중보기도의 열매였음을 알게 되었다. 그 여 성도는 병상에서 설교하는 목사의 이름도 몰랐지만 저녁 설교자를 위해 간절히 중보기도를 하였다. 믿음으로 하는 중보기도는 역사하는 힘이 있다.

중보기도는 사탄의 공격으로부터 우리를 지킨다

예수님께서 십자가를 지시기 전에 베드로에게 네가 나를 세 번 부인할 것이라고 말하자, 베드로는 호언장담을 하며 "다 주를 버릴지라도 나는 언제든지 버리지 않겠나이다."라고 말한다(마 26: 33; 막 14:31; 눅 22:33; 요 13:17). 하지만 무기력하게 결박당하신 채 끌려가는 예수님을 따라 베드로가 대제사장의 집안 뜰에 들어갔을 때, 문을 지키는 여종이 베드로를 알아보고 "너도 예수님의 제자가 아니야?"라고 묻자 베드로는 "다른 사람은 몰라도 나는 아니라."라고 부인한다(요 18:17).

이와 같은 약점과 허물이 있었지만 베드로가 회개하고 돌아와 다시 설 수 있었던 원인을 성경은 이렇게 말하고 있다. "주께서 돌이켜 베드로를 보시니 베드로가 주의 말씀 곧 닭 울기 전에 네가 세 번 나를 부인하리라 하심이 생각나서 밖에 나가서 심히 통곡하니라"(눅 22:60-61). 하지만 베드로가 실패에서 회복될 수 있었던 것은 베드로를 묵묵히 지켜보시는 사랑뿐만 아니라 그를 위한 예수님의 중보기도였다는 것을 알 수 있다. "시몬아, 시몬아, 보라 사단이 너희를 밀 까부르듯 하려고 너희를 요구하였으나 그러나 내가 너를 위하여 네 믿음이 떨어지지 않기를 기도하였노니 너는 돌이킨 후에 네 형제를 굳게 하라"(눅 22:31-32). 예수님은 베드로가 사탄의 공격을 받고 실패할 때를 위하여 중보기도하였다는 것을 알 수 있다.

중보기도는 자녀와 가정을 변화시킨다

고대에서 중세로 넘어올 무렵에 이탈리아 밀라노 도시의 한 교회에서 있었던 일이다. 어느 날, 교회의 모퉁이에서 한 부인이 기도를 하고 있었다. 그 부인은 기도를 하면서 10분이 지나고 30분이 되어도 어깨를 들썩이며 통곡을 하고 있었다. 그때 그 교회의 감독인 암브로시우스가 교회의 구석에서 그 여인을 보았다. 암브로시우스는 그 여인 곁으로 다가가 그 부인의 어깨에 손을 얹고 "부인, 무슨 어려운 일이 생기신 모양입니다."라고 말을 하였다. 그때 그 여인은, "감독님, 우리 아이가 이단에 빠졌습니다."라고 하였다. 이때 암브로시우스 감독은 이 부인에게 역사에 남는 유명한 말을 했다. "부인, 걱정하지 마세요. 기도하는 사람의 자식은 결코 망하지 않습니다."

기도하는 사람의 자식은 결코 망하지 않는다는 말을 들었던 그 부인은 '모니카'라는 여인이었다. 바로 그 부인이 성자라 칭함을 받는 어거스틴의 어머니이다. 그 후 어거스틴은 진리 앞으로 돌아왔다. 기독교 역사에서 중요한 역할을 한 어거스틴을 아름답게 변화시킨 원동력은 어머니 모니카의 중보기도였다.

복음을 위한 열정으로 평생 4만 2천 번의 설교를 하고, 말을 타고 무려 40만 킬로미터나 다니며 전도를 하고, 50년 동안 매일 새벽 4시에 일어나 기도했던 요한 웨슬리의 뒤에도 그의 어머니의 중보기도가 있었다.

Special Lecture 06

중보기도의 삶으로의 초대
Invitation to a Life of Intercession Prayer

중보기도자는 하나님의 광대하심을 배워야 한다

우리는 보통 3세에서 8세까지의 사회화 기간 동안 부모와 영적 지도자들이 가르쳐 준 하나님에 대한 다양한 개념들을 의심 없이 받아들였고, 그것을 어린 시절부터 지금까지 가지고 있다. 때문에 우리가 이해하고 있는 하나님은 많은 한계점들을 가지고 있다. 우리가 가야 할 길은 "하나님이 어떤 분임을 정의하는 것이 아니라, 하나님에 대한 우리의 아이디어(idea)를 확장해 가는 것이다."30) 중보기도 사역자는 하나님의 광대하심을 배워야 한다. 시편 기자가 선포한 바와 같이, 하나님은 "노하기를 더디 하시고 인자하심이 풍부하시다"(시 103:8)는 것과 "그의 인자하심은 영원하다"(시편 136편)는 것을 항상 마음에 새기고 묵상해야 한다.

우리는 18세기 계몽주의의 영향 아래서 '이성'이 하나님을 발견하는 열쇠인 것처럼 여기고 행동할 때가 많다. 모튼 켈시는 "개신교가 가르치는 하나님은 경험으로 깨달은 현실이라기보다는 논리적 유추를 통해 발견한 신학적 개념처럼 되어버렸다."라고 지적하였다.31) 그림과 그림이 표현하고 있는 생명체는 다르듯이 우리가 이해하고 있는 개념적인 하나님은 너무도 좁은 하나님일 수 있다는 것을 중보기도 사역자는 잊지 않아야 한다.

> 내가 이전에 하나님을 만났던 것과 정확히 똑같은 장소에서 똑같은 방식으로 하나님을 만나기를 기대한다면, 나는 그 경험을 우상화하고 있는 것이다. 그렇게 된다면 나는 아마도 다른 사람들도 나의 우상에 절하게 만들려 할 것이고, 그들이 다른 장소에서 다른 방법으로 하나님을 만나도록 격려하기가 어려울 것이다. 그러나 내가 내 영혼의 가장 깊은 갈망을 정확히 만족시킬 유일한 하나님이 초월적인 하나님이시며 언제나 나의 통제 너머에 계신다는 것을 안다면, 전혀 기대하지 않던 장소에 하나님이 나타나셔도 더 이상 놀라지 않을 것이다.32)

중보기도 사역자가 이런 자세를 가지고 하나님의 광대하심을 배우며 신비함을 경험하며 다른 사람들을 위해 기도할 때 더 크신 하나님의 역사를 경험할 수 있다. 하나님의 동반자가 될 수 있는 최선의 위치에 서게 된다. 크리스 하딩(Chris Harding)은 이렇게 말한다.

> 하나님은 상실과 슬픔이라는 고통스러운 성장의 경험을 통해서도 우리를 만지시고, 창조적이고 육체적인 탁월함을 통해서도 우리를 만지신다. 우리가 문제들을 극복하고 승리하는 순간에도, 관계의 부드러움을 통해서도 우리를 만지신다. 하나님의 은혜는 의로운 자나 불의한 자에게나 똑같이 임한다. 모든 인간은 하나님의 손길을 경험한다. 우리가 무엇인가 영원하고 고귀하고 선한 것을 만지게 되는 이런 순간들은 우리 삶에 있는 하나님의 발자취이며 곧 하나님의 선행하는 은혜이다. 사람들은 자신이 알지 못한다고 느끼는 하나님이 사실은 여러 가지 방식으로 그들의 삶 속에서 이미 일하고 계신다는 것을 깨달아야 한다.[33]

중보기도 사역자는 하나님이 어떻게 일하시는지를 탐구하고 배워야 할뿐만 아니라 하나님이 어떻게 극적이고도 변혁하는 방식으로 만지시는지를 경험해야 한다. 중보기도 사역자는 하나님은 다양한 방식으로 우리의 삶 속으로 들어오셔서 활기와 성장과 치유를 우리에게 안겨주신다는 것을 알아야 한다.

중보기도자는 하나님의 음성에 먼저 귀를 기울여야 한다

복음서에서 어느 날 한 무리의 사람들이 예수님께 나아와 이렇게 말한다. "주여 주여, 우리가 주의 이름으로 선지자 노릇하며 주의 이름으로 귀신을 쫓아내며 주의 이름으로 많은 권능을 행하지 아니하였나이까." 이 사람들은 분명히 진지하고 헌신적인 제자들이었다. 그러나 예수님은 그들에게 이렇게 말한다. "내가 너희를 도무지 알지 못하니 불법을 행하는 자들아 내게서 떠나가라"(마 7:22-23). 그들은 하나님을 위해 세상에서 분주하게 행했지만, 세상을 위해 하나님 안에 있지 못했다. 즉, 그들은 다른 사람들을 위해 엄청난 에너지를 쏟아 부었지만, 하나님과 사랑으로 연합된 생명의 열매가 없었다. 예수님께서 그들을 향해서 불법을 행하는 자들이라고 비판하신 것은 그들이 주님의 이름으로 어떤 일을 행했지만 그리스도와 사랑의 연합된 관계없이 권능을 행했기 때문이다. 즉, 예수님은 그들을 겉은 아름답게 꾸몄어도 안은 "회칠한 무덤"이라고 하셨다(마 23:27). 하나님의 일을 행하는 사람들은 먼저 예수님과 생명력 있는 관계 안에 있어야 한다.

신학자 하비 콕스(Harvey Cox)가 기독교 치유 사역자들과 임상 치료사들을 위한 강연에서 경험한 이야기이다. "청중석은 목사, 의사, 간호사, 상담가, 심리치료사들로 가득 메워져 있었고, 참가자 모두가 치유를 자신의 기독교 신앙에 본질적인 요소로 삼는 데 헌신되어 있었다. 콕스는 그들에게 예수님이 야이로의 딸을 살리신 일과 그 일을 위해 가시던 길에서 혈루병 걸린 여인을 고치신 이야기를 들려주었다. 이 이야기는 누가복음 8장 40-56절에 나오는 것으로, 예수님이 종교지도자 야이로와 조롱받는 여인 모두에게 동정심을 나타내신 기막힌 사건의 기록이다. 그 이야기를 자세히 말한 후 콕스는 청중에게 그 이야기에서 어떤 인물에 가장 강렬하게 공감하는지를 물었다. 피 흘리고 버림받고 고통당하며 실패감에 빠져 있는 여인인가? 아니면 근심과 비탄에 잠긴 야이로인가? 아니면 이런 놀라운 기적들을 경이와 경외감으로 지켜보던 제자들인가? 청중은 나누어져서 각각 다른 인물들을 말했다. 그런 다음 콕스는 그리스도에게 공감하는 사람이 있는지 물었다. 600명 중에 여섯 명이 손을 들었다. 치유자 예수님의 이야기를 대할 때 치유자들로 가득한 청중의 1퍼센트만이 그리스도 그분과 연결되었다."[34]

참다운 그리스도의 제자와 치유자와 중보자란 그 중심에 예수 그리스도를 모시고 살아가는 사람이다. 그 중심에 예수 그리스도를 모시고 사는 사람만이 어떤 상황 속에서든지 자신이 모신 예수 그리스도의 뜻을 분별하고 주님의 명령에 순종할 수 있다.

리차드 포스터(Richard Foster)는 "우리가 다른 사람들을 위해 기도하는 일에서 가장 중요한 측면 가운데 하나는 하나님과 접촉하는 일이다. 그렇게 할 때 하나님의 생명과 능력이 우리를 통하여 다른 사람들에게 전달이 될 수 있다."라고 하였다.[35] 성공적인 중보기도를 위해 반드시 필요한 것은 하나님의 음성과 뜻에 먼저 귀를 기울여야 한다.[36] 아빌라의 테레사는 많은 사람들이 하나님이 존재하시지 않는 것처럼 기도한다고 하였다.[37]

중보기도자는 인간의 고난을 인과응보적으로 보아서는 안 된다

중보기도 사역자는 다른 사람의 고난과 상처의 치유를 위해 기도할 때 그의 고난과 상처가 항상 죄의 대가일 수 있다는 생각을 피해야 한다. 욥이 고난을 겪을 때 욥의 친구들, 데만 사람 엘리바스, 수아 사람 빌닷, 나아마 사람 소발은 욥의 고난은 그가 엄청난 죄를 범했기 때문이라고 생각했다. 그러지 않고서야 욥이 이렇게 지독한 고난이 감해지지 않을 리가 없다고 계속 말했다. 이 잘못된 위로자들(욥 2:11)은 고통이 항상 죄의 대가라는 그 시대의 유명했던 이론을 가지고 있었다. 욥의 친구들은 경건하고 상투적인 말로 견딜 수 없을 만큼 고통을 당하는 사람들을 위로하려는 선한 의도를 가진 사람들의 모형이다. 중보기도 사역자는 다른 사람의 고난과 상처를 위해 기도할 때 욥의 친구들처럼 인과응보적인 생각을 가지고 기도해서는 안 된다. 오히려 사람들의 고난과 상처가 하나님의 사역을 위한 통로가 될 수 있다는 것도 알아야 한다.

어느 날, 예수님과 제자들이 길을 가던 중에 나면서부터 맹인된 사람을 만나게 되었을 때, 그 모습을 본 제자들이 예수님께 질문을 한다. "랍비여 이 사람이 맹인으로 난 것이 누구의 죄로 인함이니이까 자기니이까 그의 부모니이까"(요 9:2). "저 사람이 누구의 죄 때문에 저렇게 앞을 보지 못합니까?"라는 제자들의 질문은 당시 이스라엘 사람들의 생각과 신앙을 엿볼 수 있는 질문이다. 이스라엘 사람들은 인간이 당하는 모든 고난과 가난은 '죄' 때문이라는 생각을 가지고 있었다. 가난하게 사는 것, 병든 것, 장애가 있는 것 등은 '죄' 때문에 그렇게 되었다는 생각이 사람들의 생각 속에 깊이 자리 잡고 있었던 것이다. 그러나 제자들의 질문에 예수님은 이렇게 대답하신다. "예수께서 대답하시되 이 사람이나 그 부모의 죄로 인한 것이 아니라 그에게서 하나님이 하시는 일을 나타내고자 하심이라"(요 9:3). 예수님의 '하나님의 하시는 일을 나타내기 위한 것'이란 답변은 앞을 보지 못하는 사람의 장애가 하나님의 사역을 위한 것이라는 말이다. 이 사람의 고통은 지금 하나님의 선한 뜻과 사역에 참여되고 있다는 것이다.

중보기도자의 기도와 사랑은 통합되어야 한다

예수님은 유리하며 방황하는 사람들을 보시고 민망히 여기셨다. 민망히 여기셨다는 말은 창자가 뒤틀리고 찢어지는 고통을 느끼셨다는 말씀이다. 목자 없는 양과 같이 고생하며 유리하는 백성들 때문이다(마 9: 36). 중보기도 사역자는 주님과 같이 영혼을 긍휼히 여기는 마음으로 기도해야 한다. 포스터가 "흔히 우리에게 부족한 것은 믿음이 아니라 자비심이다."라고 지적하였듯이,[38] 중보자의 기도는 예수님과 같이 영혼을 긍휼히 여기는 마음에서 시작한다고 할 수 있다.

엄밀한 의미에서 다른 사람을 위한 기도와 사랑은 분리되지 않는다. 하나님을 알고 사랑하는 사람은 단순한 연민 또는 자기 자신을 낮추는 동정만으로 이웃을 향해 있다면 그것은 매우 표면적인 견해이다. 진정으로 하나님을 알고 사랑하는 삶은 이웃과의 유대관계 또한 발전한다. 하나님을 사랑하는 삶과 이웃을 사랑하는 삶의 계명은 통합되고, 두 개의 계명이 아니라 하나의 계명이라는 사실을 발견하게 된다. 이처럼 중보기도자의 다른 사람을 위한 기도와 사랑은 분리되지 않는다. 중보기도자의 기도와 사랑은 하나로 통합된다.

중보기도자는 자기에게 상처 준 사람을 위해 기도해야 한다

중보기도는 다른 사람의 행복을 위하여 기도하는 것이다. 중요한 것은 나와 가까운 사람, 나를 위해 주고 사랑해 주는 사람만을 위해서가 아니라 나에게 상처를 준 사람을 위해서 먼저 기도해야 한다. 이것이 진정한 중보기도자의 자세이다. 조지 버트릭은 이렇게 말한다. "가장 먼저 해야 할 중보는 이러하다. '제가 어리석게도 원수라고 생각하는 아무개를 축복하옵소서. 제가 잘못한 아무개에게 축복하옵소서. 그들을 주님의 은혜로 지켜 주옵소서. 저의

쓰라린 상처를 떨쳐버리게 하옵소서.'39) 아름다운 중보기도자는 다른 사람이 자신에게 준 상처를 원망하기보다는 그 사람의 연약함과 빈곤과 좌절을 자신이 짊어지고 하나님께 그들을 축복하며 기도 한다. 우리에게 상처를 주고 고통을 준 사람들을 대신해 회개하며 축복하는 기도야말로 가장 고차원적인 기도라고 할 수 있다. 가장 아름다운 중보기도라고 할 수 있다.

광야에서 이스라엘 백성은 모세가 하나님으로부터 계명을 받기 위해 시내산에 올라갔을 때 금송아지를 만들어 하나님을 반역하는 죄를 범했을 때, 모세는 자신의 죄처럼 여기고 백성의 죄를 껴안고 생명을 걸고 하나님께 나아가 회개하며 기도했다(출 32:30-32). 이것이 중보기도 사역자의 아름다운 모습이다. 성숙한 중보기도 사역자의 모습이다.

중보기도자는 영적 의미를 바르게 인식해야 한다

일반적으로 '영적'이란 개념은 육체와 물질과 대비되는 것으로 이해되어 온 경향이 있다. 이런 의미에서 영적이란 개념은 육체적인 삶과 반대되는 개념으로 이해되어 왔다. 그러나 '영적'이란 단어의 헬라적인 개념은 몸과 대비해서 규정되는 단어이지만 히브리적이고 성경적인 '영적' 개념은 하나님과 관계 안에서 규정되는 단어이다. 성경은 하나님과 진심으로 관계하고, 성령에 의해 거룩과 사랑 속에서 새로운 피조물이 된 사람을 영적인 사람이라고 말한다. 다시 설명하면, 인간은 하나님의 생기에 의해 살아있는 존재, 풍성한 생명체가 되었다(창 2:7). 그러나 인간의 불순종으로 인하여 하나님과의 관계가 단절되었다. 이러한 관계의 단절은 '영적 죽음'을 의미한다. 그러나 예수 그리스도의 구속의 은혜로 우리는 하나님과 관계를 회복하게 되었다. 예수 그리스도를 통해 하나님과 회복된 관계를 '새로운 탄생'(new birth, born again) 또는 '영적 생명'(zoe)을 회복하였다고 말한다. 바울은 이러한 새로운 탄생 또는 관계의 회복에 대해서 "그런즉 누구든지 그리스도 안에 있으면 새로운 피조물이라 이전 것은 지나갔으니 보라 새것이 되었도다"(고후 5:17)라고 하였다. 성경적인 '영적' 의미는 하나님과의 관계 안에서 규정된다. 영적 삶은 육체적 삶 그 자체와 대비되는 것이 아니다. 우리가 직장에서 하나님의 영광을 위하여 일한다면 그것은 지극히 영적인 것이다. 우리가 하나님께서 주신 소중한 선물인 몸의 건강을 위해서 운동하는 것은 비영적인 것이 아니라 영적인 차원을 수반하는 것이다.

초대교회 교부들은 삶을 거룩한 것과 속된 것으로 구분하여 이해하지 않았다. 그들에게는 삶을 포함한 모든 것이 다 거룩하였다. 그러나 헬라인들의 사고방식에 의하면 기도와 같은 영적인 일은 거룩한 삶의 영역에 해당하는 것으로 여기고, 몸의 일은 거룩한 삶의 영역에서 분리하여 세속적인 일의 영역에 속하는 것으로 생각하였다. 하지만 성경적인 사고방식에서는 몸을 위한 일도 거룩한 영역에 포함된다. 기도가 우리의 영적인 삶에서 엔진과 같은 역할을 하지만 차가 엔진의 기능으로만 움직일 수 없듯이 몸의 기능도 필요하다.

예수님은 "세상 밖이 아닌 세상 속에서 하나님을 발견했다. 이후 몇 세기 동안 기독교를 괴롭혔던 이원론은 전혀 찾아 볼 수 없다. 그분의 길은 지혜의 길이며, 그 지혜는 관계 맺는 지혜, 땅에 뿌리박은 지혜, 생을 긍정하는 지혜이다."40) 우리는 또한 예수님이 육체화된 존재 방식으로 이 땅에 오셔서 사람들과 대화하시고 발을 씻기시고 하나님과도 대화하셨다. 예수님은 단지 입술의 언어로만 기도하지 않으셨다. 예수님은 온몸으로 기도하셨다. "조금 나아가사 얼굴을 땅에 대시고 엎드려 기도하여 이르시되"(마 26:39). 우리는 때때로 한숨을 통해 하나님께 우리의 아픔과 고통을 토로한다. 말로 표현할 수 없을 때 우리는 한숨을 쉰다. 이런 행위는 어떤 의미에서 입술의 기도라기보다는 몸의 기도에 더 가깝다. 우리는 다른 사람을 위한 기도를 대부분의 경우, 말로 아뢴다. 하지만 다른 사람을 위한 기도는 몸으로 드리는 언어까지 포함할 필요가 있다. 실레스터 스노우버는 몸의 언어까지 확대된 기도를 이렇게 표현한다. "예수님이 제자들의 발을 씻기신 것은 그 자체가 몸으로 드리는 기도이다."41)

Lectures for Intercession Prayer

Special Lecture 07

중보기도 훈련으로의 초대
Invitation to a Discipline of Intercession Prayer

중보기도도 훈련이 필요하다

다른 사람을 위한 기도를 가끔씩 한 번 하는 것은 누구나 할 수 있지만 지속적으로 하는 것은 훈련이 필요하다. 우리가 운동을 자연스럽게 매일 하기까지는 처음에는 하루도 빼놓지 않고 의무적인 일과로 삼고해야 한다. 꽤 오랫 동안 운동을 억지로 해야 한다. 그러나 이렇게 운동을 하다 보면 자연스러워진다. 운동하는 것이 자연스러워지면 하루라도 운동을 안 하면 아쉽고 하고 싶은 충동이 생길 정도가 된다. 이처럼 대부분의 사람은 중보기도를 즐겁게 하는 것이 쉽지 않다. 때문에 중보기도를 처음에는 의무감으로 할 필요가 있다. 인내심을 가지고 중보기도가 체질화될 때까지 해야 한다. 하지만 중요한 것은 중보기도를 훈련하는 시작부터 장시간 기도하는 것은 무리일 수 있다. 운동도 처음부터 지나치게 무리하면 건강이 오히려 나빠져서 지속적으로 운동을 할 수 없는 것처럼, 중보기도를 훈련하는 과정에서는 30분에서 1시간 정도 매일 하는 것이 중요하다. 중보기도를 자연스럽게 하기 위해서는 매일 정기적으로 하는 것이 중요하다. 즉, 상황에 따라 다를 수 있지만 매일 한 시간 정도 중보기도하고, 한 시간 정도 운동하고, 한 시간 정도 성경읽기나 독서 등을 정규적으로 하는 것이 중요하다. 하지만 중보기도 사역자로 섬기기 위해서는 이 세 가지 중에 가장 중심이 되는 것은 기도하는 시간이다. 다른 것은 혹 못하는 경우가 있더라도 기도는 매일 빠짐없이 하는 것이 좋다.

중보기도 일기를 기록하면 도움이 된다

중보기도 사역자의 하나님 임재에 대한 체험은 아주 중요하다. 중보기도 사역자가 체험을 가치 있게 남기는 영성일기를 작성하면 큰 도움이 될 수 있다. 영성일기는 영성생활에 중요한 역할을 할 수 있다. 영성일기는 중보기도 사역자의 기도과정을 단순히 자세하게 열거해 놓은 것이 아니라 기도하면서 겪은 경험이 어떤 것이었는지에 대해서 기록하는 것이라고 할 수 있다. 중보기도 사역자가 기도한 내용과 기도를 통해서 응답받은 내용들을 기록하고 그 응답에 대한 신앙고백을 함께 기록하면 좋다.

중보기도 사역자는 성경을 통해서 하나님의 음성을 듣고 하나님의 지도를 받으며 기도할 필요가 있다. 그러기 위해서는 성경과 시간을 보내려고 하기보다는 성경의 주인공인 하나님과 함께 시간을 보내려고 해야 한다. 즉, 중보기도 사역자는 성경 말씀을 읽으면서 분석하려고 하기보다는 하나님을 음성을 듣고 체험하려는 소망을 가지고 읽어야 한다. 중보기도 사역자는 성경을 통해서 하나님을 만나고 체험한 것을 솔직하게 기록하는 것이 좋다. 때문에 영성일기는 경우에 따라 하나님과 대화하는 형식으로 기록하는 것이 좋을 수 있다.

성경과 함께 기도하는 훈련을 해야 한다

하나님께서 자신을 우리에게 알리시는 가장 중요한 방법은 성경이다. 성경을 통해서 우리에게 말씀하시는 하나님의 음성을 들을 수 있다. 교회의 오랜 역사 속에서 성경을 통해서 하나님의 음성을 듣는 기도는 가장 중요한 방법이었다.

한국교회 안에는 말씀을 통하여 기도하는 문화가 자리 잡지 못하고 있다. 개인의 문제나 소원을 가지고 자기 생각이나 감정에 의존하여 기도하는 경우가 많다. 우리가 지금까지 형성해 온 기도 문화를 소중하게 여기고 실천하는 것은 중요하지만, 한국교회 성도들이 기도할 때 말씀을 통해 기도하는 훈련 또한 필요하다. 교회 역사에서 약 1300년대까지 그리스도인들의 기도 체험의 직접적이고도 일차적인 젖줄은 바로 성경이었다. 그 대표적인 방식이 '렉시오 디비나'(lectio divina)였다.

렉시오 디비나라는 말은 라틴어로 우리말로 번역하면 '거룩한 독서', '영적 독서', '말씀으로 드리는 기도'이다. 렉시오 디비나는 하나님의 말씀인 성경을 읽고 묵상하며 기도하는 것을 말한다. 렉시오 디비나라는 말은 알렉산드리아 학파의 대표적 인물 중 한 사람인 교부 오리겐(185-251)이 처음으로 '테이아 아나그노시스'(theia anagnosis)라는 그리스어로 표현했다. 이 단어를 라틴어로 표현하면 '렉시오 디비나'이다.

기독교 전통 안에는 성경을 읽는 대표적인 두 가지 방식이 있다. 하나는 정보를 얻기 위해서 읽는 방식(information)이고, 다른 하나는 우리 자신을 새롭게 하기 위하여 읽는 방식(formation)이다. 렉시오 디비나는 말씀에 대한 지식이나 정보를 얻기 위하여 읽는 것이 아니라, 하나님의 말씀인 성경을 통하여 하나님의 음성을 듣고 우리의 존재의 변화를 추구하는 독서 방식이다. 즉, 말씀을 읽고, 묵상하고, 하나님과 대화하고, 하나님의 임재 안에 머무르는 것이다. 단, 렉시오 디비나에서 주의해야 할 것은, "먼저 알 것은 성경의 모든 예언은 사사로이 풀 것이 아니니"(벧후 1:20)라는 말씀처럼 말씀을 너무 자의적으로 해석하거나 적용하는 것을 주의해야 한다.

렉시오 디비나는 기도의 마중물이다

중보기도 사역자가 렉시오 디비나를 통하여 하나님의 말씀의 생명력을 경험하게 되면 다른 사람들을 위해 기도할 때 보다 더 능력 있게 기도를 할 수 있다. 중보기도 사역자는 무엇보다도 먼저 말씀의 생명력으로 충만해야 한다. 그래야 하나님이 공급해 주시는 보물을 가지고 더 충만하게 다른 사람들을 위해 기도할 수 있다. 로렌스 수사는 "하나님은 우리에게 줄 보물을 무한히 많이 갖고 계시다. 그러나 우리는 한 순간에 사라져 버리고 말 조그만 헌신을 하는 것으로 쉽게 만족한다. 우리는 얼마나 눈 먼 장님들인가. 우리는 이런 식으로 하나님의 손을 묶어 버리고,

그분의 어마어마한 은혜를 정지시켜버린다. 그러나 하나님께서는 신앙의 생명력으로 충만한 영혼을 발견하시면 그에게 자신의 은혜를 차고 넘치게 부어 주신다."라고 하였다.42) 기독교 역사에서 렉시오 디비나는 말씀의 생명력을 경험하기 위한 가장 실제적인 방편이었다. 렉시오 디비나의 실천 방법은 다음과 같다.

준비 단계

몸과 마음을 바르게 한다. 시작하기 전, 성경은 하나님이 나에게 보내신 사랑의 편지임을 상기한다. 성경 말씀을 펼치기 전 "성령님 도와주소서!" 하고 사모하는 마음으로 도움을 청한다. 이때 조용한 음악을 사용하여 내적 고요함을 갖는 데 도움이 되게 할 수도 있다.

말씀 읽기

손으로 성경책을 들고 읽을 곳을 편다. 눈으로는 성경 말씀을 보면서 입으로는 그 말씀을 작은 소리로 천천히 읽는다. 귀로는 그 말씀을 듣는다. 여기서 읽는다는 것은 우리를 구원하는 하나님의 말씀 앞에 우리 자신을 열어 드리는 것을 의미한다. 말씀의 지식을 얻기 위해서가 아니라 말씀이 우리를 변화시키도록 우리를 말씀 앞에 드리는 것이다. 말씀을 읽다가 한 줄의 글이나 단어가 마음에 부딪혀와 관심을 사로잡으면, 거기에 멈춰 서 그 말씀에 머문다. 그리고 그 말씀을 주의 깊게 반복해서 읽고 또 읽는다.

말씀 묵상

마음에 와 닿는 그 구절에 밑줄을 그어 표시한다. 그리고 작은 소리로 천천히 반복 암송한다. 우리의 관심을 끄는 단어나 구절을 반복하는 것이다. 되새김질 한다. 주어진 말씀을 반복함으로써 말씀이 우리 내면 깊이 뿌리를 내려서 말씀과 내가 하나가 되게 한다. 그 말씀이 왜 나의 마음을 움직였는지, 그 말씀은 내게 무엇을 말하고 있는지를 나의 마음과 이성과 감성, 즉 나의 전 인격을 동원하여 묵상한다.

말씀 기도

주어진 말씀과 그 말씀의 의미를 통해서 하나님이 오늘 나의 삶을 어떻게 인도하시는지 발견한다. 이 단계는 말씀이 나의 전 존재의 가장 깊은 곳까지 들어갈 수 있도록 나를 더욱 말씀 앞에 열어 놓는 단계이며, 주신 말씀에 대하여 나의 생각, 뜻,

결심, 느낌을 동원해서 하나님께 응답하는 단계이다. 하나님은 성경을 통해서 우리에게 말씀하시고 우리는 기도를 통해서 하나님께 말하는 단계이다.

하나님 품에 머무름

하나님 품에 머무르는 단계는 말씀을 통해서 우리를 찾아오신 하나님의 현존 앞에 머무르는 것이다. 우리의 언어를 그치고 침묵하며 온전히 하나님의 품을 사모하는 단계이다. 우리가 말씀기도 단계까지는 하나님께 능동적으로 말하는 단계였지만, 이 단계에서는 하나님께서 우리에게 능동적으로 일하시도록 머무르는 단계이다. 즉, 하나님이 내적 감화 등을 통해 우리에게 역사하시도록 고요하게 침묵하는 단계지만 어떤 감화나 음성을 들으려고 집착하게 되면 자신의 내면의 소리를 하나님의 음성으로 여길 수 있으므로 주의해야 한다. 이 단계에서는 아무 일도 일어나지 않을 수도 있다.

마무리 단계

끝마칠 때에는 하나님께 대한 감사의 기도로 마무리한다. 기도의 자리에서 일어나기 전에 고요히 감사기도와 주님의 기도를 한다. 일어나기 전에 마음에 와 닿았던 성경구절들 중 하나를 택하여 기억하거나 메모하여 간직한다. 일어나면서 그 구절을 가지고 일상으로 돌아간다. 선택한 성경구절은 일상에서 끊임없이 묵상한다.

—∞—

Lectures for Intercession Prayer

—∞—

Special Lecture 08
효과적인 중보기도로의 초대
Invitation to The Effective Intercession Prayer

중보기도에도 성격과 기질이 있다

교회 공동체에서 중보기도 사역자가 더 풍성하고 효과적으로 기도하도록 하기 위해서는 사람들의 성격과 기질에 따라 기도할 수 있도록 배려하는 것이 좋다. 물론 교회 공동체의 일반적인 기도제목을 가지고 기도할 때는 각자가 가진 성격과 기질에 따라 기도하기보다는 협력하여 기도해야 하지만, 사람들의 얼굴이 다양하듯이 다른 사람을 위한 기도도 사람들의 성격과 기질에 따라 그 방식과 형태가 다를 수 있다는 것을 알아야 한다.

인간의 성격유형론은 칼 융에 의해 형성되었다. 융의 성격유형론에서 첫 번째로 고려하는 특징은 인간이 어떻게 에너지를 얻게 되며, 얻은 에너지를 가지고 다른 사람들을 위해 어떻게 사용하는지에 관한 것이다. 칼 융은 사람의 성격을 크게는 내향적인 성격과 외향적인 성격으로 구분하였다. 내향적인 사람은 자기 홀로 있을 때 에너지를 얻게 되고, 그렇게 홀로 있으면서 얻은 에너지를 다른 사람들을 위해 사용하게 된다. 반면에 외향적인 사람은 사람들과의 관계를 형성하면서 에너지를 얻게 되고, 그렇게 다른 사람들과 함께 하면서 얻은 에너지를 홀로 있을 때 사용한다. 사람이 내향적인 성격을 가졌는지 외향적인 성격을 가졌는지를 구분할 수 있는 방법은 그 사람이 소극적인지 수줍음을 타는지 사람을 사귀는 사교술이 있는지 등과 관련된 것이 아니라, 어떻게 그 사람이 에너지를 얻는지와 관련된 것이다.

내향적인 성격의 사람은 홀로 드리는 개인기도를 선호하는 경향이 있다. 외향적인 성격의 사람은 여러 사람들과 함께 드리는 공동기도를 선호하는 경향이 있다. 내향적인 성향의 사람은 에너지를 얻기 위해 기도회에 참여하고, 반면에 외향적인 성향을 가진 사람은 가지고 있는 에너지를 사용하기 위해 기도회에 참여한다. 그러므로 교회 공동체에서 중보기도 모임을 섬기는 사람들은 성격 유형에 따라 에너지를 표출하는 방식과 기도 방식에 대한 선호가 다르다는 사실을 진중하게 고려할 필요가 있다. 우리는 사람들이 다양한 방식으로 하나님을 만나도록 하기 위해서 기도에 대한 우리의 생각의 지평을 넓힐 필요가 있다.

중보기도에도 컬러가 있다

기도에는 여러 가지 방법이 있다. 그 가운데 어떤 한 가지 방법만이 모든 사람에게 도움이 된다고 할 수는 없다. 전체를 아우르는 온전성은 개인적인 조건보다는 공동체적 조건에서 가장 잘 이해될 수 있다. 즉, 하나의 기도 형태만을 가치 있게 여기기보다는 다양한 형태의 기도를 보장할 때 공동체의 기도는 더 온전해질 수 있다. 왜냐하면 공동체 안에는 어떤 사람은 부르짖는 기도를 선호하고, 어떤 사람은 묵상기도를 선호하고, 어떤 사람은 예수기도와 같은 하나님의 임재를 선호하는 사람들도 있기 때문이다. 또한 어떤 사람은 고통 받는 사람을 위해 입술로 기도하는 것보다 직접 찾아가 사랑을 베푸는 것도 기도의 한 형태가 될 수 있다고 생각할 수도 있다.

교회 공동체 안에서 각 개인이 기도 방법을 모두 통합할 필요는 없다. 그러나 교회 공동체는 기도의 방법을 통합할 필요가 있다. 즉, 여러 가지 다양한 기도 방법을 충분히 포용할 수 있을 만큼 확장시켜야 한다. 목회자의 기도 성향이나 철학에 따라 어떤 기도 형태가 선호될 수 있고 강조될 수도 있다. 그러나 교회 공동체의 지도자는 그리스도의 몸으로서 교회의 다양한 지체들의 특성을 이해하고 지지할 필요가 있다. 왜냐하면 한 지체 한 지체는 전체를 이루는 데 중요한 지체이기 때문이다. 한 몸을 이루기 위해서는 그 한 지체가 없으면 전체를 이룰 수 없다.

교회 공동체에서 중보기도가 활성화되게 하려면 교회 지체들의 다양한 성격과 기질을 고려하여 중보기도 소그룹을 활성화 시킬 필요가 있다. 중보기도회에서 기도제목을 가지고 무조건 부르짖는 기도만을 하게 하기보다는 소그룹으로 나누어 부르짖는 기도를 통한 중보기도, 묵상기도를 통한 중보기도, 예수기도를 통한 중보기도 등으로 나누어 중보기도회를 할 때 더 활성화될 수 있다. 물론 전체가 함께 모여 찬양과 함께 부르짖는 중보기도회를 하는 것도 결코 무시할 수는 없다. 하지만 때에 따라서는 소그룹 형태의 중보기도회가 더 효과적일 수 있다.

중보기도에도 도덕성이 있다

기도가 기본적으로 인간의 욕구에서 출발한다는 것을 아는 것은 중요하다. 이는 막 태어난 아이가 어머니의 젖을 찾는 것과 같이 아름다운 행위요 생명을 위한 길이다. 때문에 청원기도는 하나님이 기뻐하시는 기도이다. 모든 기도는 청원기도로 시작한다. 그러나 청원기도가 비도덕적이어도 된다는 의미는 아니다. 때문에 우리의 기도는 도덕적일 필요가 있다. 예를 들어, 어떤 중보기도 사역자가 소방차가 자기가 출석하는 교회 쪽으로 달려가는 것을 보고 "하나님, 제발 우리 교회가 아니게 해 주소서."라고 기도한다면, 그 중보기도 사역자가 드리는 기도는 제발 자기 교회에는 불이 나지 않고, 그 대신 다른 교회나 다른 사람의 집이기를 바라는 것이기 때문에 비도덕적인 기도를 하고 있는 셈이다. 물론 우리의 인간성은 다급한 상황 속에서는 부지불식간에 자기가 출석하는 교회에 불이 나지 않기를 간구할 수도 있다. 그러나 하나님께서 그런 기도에 응답하시는 분으로 이해해서는 안 된다.

만약 우리가 드리는 기도가 하나님이 아니라 단지 경제적 성공을 가져다주는 분으로 하나님 상을 그려놓고 부자가 되게 해 주시는 하나님과 관계를 잘 맺게 해달라는 기도라면, 그런 유형의 기도는 성경적인 원리에 정당화될 수 없다. 중보 사역에 헌신한 사람들은 무조건 기도하기보다는 성경적인 정신과 원리를 깊이 묵상하며 기도하는 것을 생활화할 필요가 있다.

중보기도의 동력은 몸의 평화이다

중보기도 사역자가 기억해야 할 것이 있다. 그것은 중보기도를 어떤 특정한 주간이나 달에만 하기보다는 지속적으로 하는 것이다. 매일 잠을 자고 밥을 먹듯이 중보기도도 생활화할 수 있어야 한다. 그러기 위해서는 몸과 마음을 균형 있게 움직여서 건강하게 해야 한다. 건강하지 못하면 기도생활도 충만하게 할 수 없다. 몸이 건강을 읽으면 몸이 중심이 되어버린다. 지속적이고 건강한 중보기도 사역을 감당하기 위해서는 기도생활뿐만 아니라 몸의 건강에도 신경을 써야 한다. 기도가 영성생활의 엔진인 것처럼 몸의 평화도 영성생활의 중요한 동력이라 할 수 있다. 달라스 윌라드는 "내 몸을 감싸지 못한 평화는 나를 감싸지 못한 것이다. 평화가 몸에 이르려면 몸이 하나님의 정도와 능력에 젖어 있어야 한다."라고 하였다.[43]

몸이 쉬지 못하면 몸의 초점의 중심이 된다. 몸의 존재가 더 강하게 느껴지며 각 지체의 성향들이 만족을 찾아 더 요란하게 아우성친다. 감각적 적용과 이기적 욕구는 이렇게 절박해진 몸과 지체를 통해 우리에게 더 큰 지배력을 행사한다. 뿐만 아니라 몸이 하는 일아주 미세하다과 내 주변에서 벌어지는 일에 대한 의식이 흐릿하고 몽롱해진다. 혼돈은 영적 감각의 적이다. 잘 쉬면 생각이 명료해진다. 반대로 피곤하면, 음식, 약물, 각종 불륜관계, 바울의 말대로 "땅에 있는" 이기적 자세 등에서 만족과 에너지를 찾으려 할 수 있다. 이런 것들이 우리를 방해해 하나님을 신뢰하지 못하고 그분의 능력 안에 살지 못하게 한다.[44]

우리 몸은 단순히 물리적 시스템이 아니다. 그리스도의 참 임재가 그 안에 거하는 곳이다. 몸 자체가 악하다는 생각은 지극히 비성경적인 것이다. 한 작가는 이렇게 썼다.

그는 독감, 맹장염, 파라티푸스, 다리 근육 결림, 눈 궤양, 대상포진 등으로 고생했다. 쓰라린 자기연민에 빠져 그는 절뚝거리며 걸었고 늘 한 눈에 안대를 하고 살았다. 일의 효율도 떨어졌다. 그는 패배를 받아들이지 못한 대가로 건강을 잃고 있었다. 그리스도인의 원리대로 살려는 열망이 오히려 자신을 해치는 결과를 낳았고, 그럴수록 내적 긴장과 갈등은 더해 갔다. 이 시기는 목적을 상실한 채 낙심 속에 살아가던 시기였다. 그는 영혼의 전투를 벌이고 있었다.[45]

이런 현상은 영혼의 붕괴가 몸의 질병을 통해 표출된 것이라

할 수 있다. 몸의 질병은 종종 삶 전체를 파괴하고 절망에 이르게 할 수 있기 때문이다. 때문에 몸은 우리의 기도생활에서 중요한 역할을 할 뿐만 아니라 배재할 수 없는 실체이다. 중보기도 사역자가 영성생활의 엔진인 기도생활을 생명력 있게 하려면 기억해야 할 사실이 하나 있다. 그것은 영성생활은 그저 영과만 관련되는 것이 아니라는 것이다. 성은 그저 성행위에 관한 것이 아니듯이, 영성생활도 그저 영과만 관련된 것이 아니다. 우리의 성은 생식기로 무엇을 하느냐 하지 않느냐보다 그 이상의 것이다. 그것은 우리의 몸, 감각, 관계, 마음, 창조와 관계된 것이다. 이와 같이 바른 영성생활을 위해서도 큰 틀을 유지해야 한다. 하나님이 우리에게 주신 몸의 세계는 이 큰 틀에서 결코 배제시킬 수 없다.

Special Lecture 09

중보기도의 하나님의 응답 형태
The Types of Intercession Prayer Answers

중보기도자가 왜 절망하게 되는가?

중보기도 사역자는 다른 사람을 위해 기도할 때 크고 비밀한 일을 보이시는 하나님에 대한 믿음이 분명히 있어야 한다. 하지만 중보기도 사역자가 기억해야 할 것은 다른 사람을 위해 기도하면서 어떤 결과를 얻기 위한 수단으로 기도의 목적을 삼는 것은 믿음과는 다른 것이다. 즉, 중보기도 사역자의 믿음의 기도는 하나님의 응답의 충분조건은 될 수 있지만 필수조건은 아니기 때문이다. 나아가 중보기도 사역자가 기도의 목적을 어떤 결과를 얻는 데 두게 될 때 절망감을 경험할 수 있다. 왜냐하면 누군가의 형통을 위해서 눈물로 기도를 하였는데 반대로 그 사람에게 어려운 일이 일어나는 것을 목격할 수도 있기 때문이다. 특히 중보기도 사역자가 고난받는 자를 위해 기도할 때 좋은 결과만을 얻기 위한 수단으로 여기게 되면 하나님이 침묵하실 때 시편의 아삽과 같은 좌절을 경험할 수 있다(시 73).

중보기도 사역자가 다른 사람을 위해 기도하면 그 사람의 모든 것이 형통하게 될 것이라는 기도 공식은 너무나 단순한 것이다. 만약 중보기도 사역자가 기도한 대로 모두 응답하시는 하나님으로 믿게 되면 논리적 귀결은 중보기도 사역자가 믿음 없이 기도했기 때문이라고밖에 볼 수 없다. 이렇게 되면 중보기도 사역자는 심각한 영적 우울증에 직면할 수 있다.

중보기도 사역자의 기도의 목적은 적어도 네 가지 이상이어야 한다. 첫째는 다른 사람을 위해서 기도할 때 하나님은 능하신 손길을 통해서 크고 비밀한 일을 보이실 수 있다는 믿음이 있어야 한다. 고난받는 자를 위해 기도할 때 그 사람의 고난을 가슴에 안고 하나님께 기도해야 한다. 하나님의 은혜로 그가 고난의 터널을 통과할 수 있도록 기도해야 한다.

둘째는 중보기도 사역자는 기도의 궁극적 목적은 하나님을 변화시키는 데 있기보다는 기도하는 사람과 기도를 받는 사람을 변화시키는 데 있다는 것을 기억해야 한다. 하나님은 중보기도자의 기도에 침묵하실 수도 있다는 것을 알아야 한다. 그 사람의 고난은 변화를 위한 하나님의 커리큘럼일 수도 있다는 것을 알아야 한다.

셋째는 중보기도 사역자가 다른 사람을 위해 기도하였지만 아무 일도 일어나지 않았을 때 실망하지 않아야 한다. 왜냐하면 다른 사람을 위해 기도한 그 자체가 사랑의 행위이기 때문이다. 중보기도 사역자의 목적은 기도의 성공에 있기보다는 하나님의 사역에 동참하여 사랑을 실천하는 데 있다.

넷째는 하나님은 고난 가운데 있는 사람을 홀로 헤매도록 놔두지 않으신다. 하나님의 돌봄의 방법은 이미 그에게 주어져 있을 수도 있다. 그것은 예수님의 십자가이다.

사도 바울이 사역자로서 많은 박해와 고난의 여정 속에서도 영적인 힘과 평정심을 지킬 수 있었던 이유는 바로 그리스도의 십자가였다. 바울은 "내가 너희 중에서 예수 그리스도와 그가 십자가에 못 박히신 것 외에는 아무것도 알지 아니하기로 작정(고전 2:2)"하였다고 고백하였다. 바울이 십자가만 붙들기로 작정했다는 말은 어떤 고난 속에서도 십자가만을 바라보겠다는 믿음이었다. 바울의 삶의 동력은 십자가였다. 십자가의 사랑이 바울을 지킨 것이다. 바울은 그리스도의 십자가를 묵상할 때 그의 고난은 무력화되었다. 그래서 바울은 "십자가의 도가 멸망하는 자들에게는 미련한 것이요 구원을 받는 우리에게는 하나님의 능력이라"(고전 1:18)고 하였다.

히틀러의 만행에 저항했던 본회퍼는 고통받은 사람에게는 "오직 고통당하는 하나님만이 도울 수 있다."라고 하였다.[46] 하지만 고통받은 자에 대한 하나님의 돌봄을 신비적인 방법으로만 돌보신다고 이해하기보다는 그리스도의 고난을 통해서 고통받는 자와 함께하신다는 것이다. 하나님은 고통받는 자를 그리스도의 십자가의 사랑을 통해서 돌보신다.

코리 텐 붐(Corrie Ten Boom) 여사는 네델란드 그리스도인으로서 젊은 시절에 가족이 유대인들을 숨겨주었다는 이유로 나치에 붙잡혀 수감생활을 하였다. 그녀와 여동생 베시(Betsy)는 죽음의 나치 수용소인 라벤스브룩(Ravensbruck)으로 이송되었다. 그녀는 정기적인 의료검사에서 그녀를 비롯한 다른 수감자들은 강제로 벌거벗긴 채 '이를 드러내고 히죽거리며 웃고 있는 보초들의 대열'을 지나 일열 종대로 걸어야 했다. 이렇게 수모와 고초를 겪는 도중에 하나님은 코리의 마음에 구세주도 벌거벗긴 채 수모를 겪으며 십자가에 달려 죽으셨다는 귀중한 진리를 새겨주셨다. 그 구세주는 그가 겪고 있던 학대를 몸소 이해하셨다.[47] 코리 여사는 이러한 깨달음을 통해 큰 힘과 위로를 얻었다.

중보기도자에게
하나님은 여섯 가지 형태로 응답 하신다

　중보기도 사역자는 하나님의 영혼 돌봄 사역에 참여하는 것이다. 때문에 중보기도 사역자는 하나님의 영혼 돌봄의 사역을 알아야 한다. 하나님은 중보기도 사역자가 다른 영혼을 위해 기도할 때 하나님이 초월적인 역사를 통해서 직접 영혼을 돌보실 뿐만 아니라 사람을 통해서도 돌보신다. 중보기도 사역자가 고난 중에 있는 자를 위해 기도를 할 때 하나님께서는 직접 그 사람의 고통을 치료해 주시고 위로해 주실 수도 있지만, 기도하는 중보자를 통해서도 고통받은 영혼을 돌보실 수 있다. 중보기도 사역자가 "너는 내게 부르짖으라 내가 네게 응답하겠고 네가 알지 못하는 크고 은밀한 일을 네게 보이리라"(렘 33:3)라는 하나님의 약속의 말씀을 붙들고 고난 중에 있는 사람을 위해서 기도할 때 하나님은 중보기도 사역자에게 성령의 내적 감화를 주셔서 그 고난 중에 있는 사람을 위해서 일하게 하실 수도 있다는 것을 알아야 한다. 중보기도 사역자가 다른 사람을 위해 기도할 때 하나님은 또 다른 방편으로 응답하실 수도 있다.

　로버트 파즈미뇨(Robert Pazmino)는 그의 책『우리의 교사이신 하나님』(God Our Teacher)에서 하나님의 사역을 여섯 가지로 구분하여 설명하였다. '우리를 초월하여 일하시는 하나님'(God beyond us), '우리를 통해서 일하시는 하나님'(God through us), '우리와 함께 일하시는 하나님'(God with us), '우리 안에서 일하시는 하나님' (God in us), '우리를 위하여 일하시는 하나님'(God for us), '우리의 연약함에도 불구하고 일하시는 하나님'(God despite us)이다.48) 하나님은 초월적인(beyond us) 방법으로도 일하시지만, 때로는 사람을 통해서도(through us) 일하신다.

파즈미뇨가 제시한 하나님의 사역의 여섯 가지 유형을 중보기도 사역자가 다른 사람을 위해 기도할 때 하나님의 역사와 응답의 형태에도 적용할 수 있다. 즉, 중보기도 사역자의 기도에 대한 하나님의 역사와 응답은 다음과 같이 여섯 가지 형태로 나타날 수 있다.

- **하나님은 초월적으로 역사**(God beyond us): 중보기도 사역자가 다른 사람을 위해 기도할 때 하나님은 초월적으로 직접 역사하실 수 있다. 중보기도 사역자가 하나님께 기도할 때 가장 소망하는 차원이기도 하다.

- **하나님은 다른 사람을 통해서 역사**(God through us): 중보기도

사역자가 다른 사람을 위해 기도할 때 하나님은 다른 사람들을 통해서 역사하시고 응답하실 수 있다.

• **하나님은 기도하는 사람과 함께 역사**(God with us): 중보기도 사역자가 다른 사람을 위해 기도할 때 하나님은 기도하는 사람을 통해서 역사하시고 일하실 수 있다. 즉, 중보기도 사역자가 다른 사람을 위해서 기도할 때 성령께서 중보기도 사역자의 내면에 어떤 감화나 생각을 강하게 일어나게 하셔서 어떤 일을 행하게 하시므로 역사하실 수 있다. 때문에 중보기도 사역자가 다른 사람을 위해 기도할 때 어떤 강력한 내적 감화가 일어날 때는 순종해야 한다.

• **하나님은 기도 받는 사람 안에서 역사**(God in us): 중보기도 사역자가 다른 사람을 위해 기도할 때 하나님은 기도 받는 사람 안에서 직접 역사하실 수 있다.

• **하나님의 방법으로 역사**(God for us): 중보기도 사역자가 다른 사람을 위해 기도할 때 하나님은 하나님의 방법으로 역사하시고 응답하실 수 있다. 하나님은 중보기도 사역자의 기도를 들으시고 응답하실 수도 있지만 침묵하실 수도 있다. 하나님은 중보기도 사역자의 생각과는 전혀 다른 방식으로 일하실 수도 있다.

- **하나님은 의심에도 불구하고 역사(God despite us):** 중보기도 사역자가 다른 사람을 위해 기도할 때 믿음이나 확신이 없이 기도할지라도 하나님은 역사하실 수 있다. 하나님은 자기 주권적으로 역사하실 수 있다. 예를 들어 설명하면, 중보기도 사역자들 가운데 한 사역자가 신실한 믿음을 가지고 육체적 질병 가운데 있는 한 여 집사를 위해 기도하였지만 전혀 호전이 없을 수 있지만, 신앙심이 약한 한 중보기도 사역자가 병과 투쟁 중에 있는 한 여 권사를 위해 기도하였을 때 하나님은 여 권사를 치유하실 수 있다. 또한 교회 공동체 안에 질병과 투쟁하는 한 신실한 믿음의 권사와 질병 가운데 있는 믿음이 신실하지 못한 신자를 목회자가 치유를 위해 기도하였을 때 하나님은 신실한 믿음의 권사를 치유하지 않으시고 믿음이 거의 없는 신자를 치유하실 수 있다. 물론 그 반대도 있을 수 있다.

하나님의 임재 형태도 다양하다

우리는 예수님이 공생애를 시작하면서 요단강에서 세례를 받은 일을 통해서 하나님의 임재 또는 현존이 다양하게 나타나는 것을 알 수 있다. 요단강에서 하나님의 임재는 음성적으로(audibly)

나타내셨다. 하나님은 예수님에게 "이는 내 사랑하는 아들이요 내 기뻐하는 자라."하고 선포하셨다(마3:17). 예수님은 하나님의 임재 또는 현존을 육체적으로(physically) 나타내셨다. 즉, "예수께서 세례를 받으시고 곧 물위에 올라"오셨다. 성령은 하나님의 임재 또는 현존을 가시적으로(visibly) 나타내셨다. 예수님이 세례를 받으실 때 "하늘이 열리고 하나님의 성령이 비둘기 같이 내려" 예수님 위에 임하였다. 이처럼 하나님의 임재 또는 현존은 다양한 형태로 나타났다.

하나님의 임재 또는 현존이 다양하게 나타날 수 있는 것처럼, 우리가 기도할 때 하나님의 응답은 다양한 형태로 나타날 수 있다. 때로는 하나님의 음성을 통해서 나타날 수 있고, 신비적인 형태로 나타날 수도 있으며, 사람을 통해서도 나타날 수 있다.

하나님의 음성에도 보편적인 기준이 있다

달라스 윌라드는 하나님의 음성을 분별할 때 고려할 수 있는 세 가지 기준점 또는 세 개의 빛으로 환경, 성령의 감화, 성경 말씀을 유기적으로 고려해야 한다고 제안하였다. 이 세 가지가 동일한 방향을 향해서 가고 있다면 하나님의 원하시는 방향이라

고 믿어도 된다고 보았다.49)

환경의 메시지를 따로 읽고 성경의 메시지를 따로 읽고 성령의 메시지를 따로 읽을 수 있다는 것은 완전히 틀린 생각이다. 각기 별개로 돌아가는 세 개의 시계를 보면 시간을 좀 더 정확하게 알 수 있다는 식으로 세 빛 중 하나를 다른 두 빛에 기계적으로 맞춰 보아 하나님의 뜻을 확인한다는 것 역시 말이 안 된다.50)

중요한 것은 하나님의 음성을 특징짓는 가장 중요하고 결정적인 기준은 성경이다. 성경에 부합되지 않는 내용은 하나님께로부터 온 것이 아니다. 다시 서술하면, "하나님의 음성은 절대 우리에게 성경에 어긋나는 활동이나 관계에 가담할 것을 명하지 않는다."51) 하나님의 음성의 분별 기준에서 가장 중요한 것은 성경의 원리이다. 여기서 말하는 성경의 원리는 지엽적인 사건이 아니라 으뜸 되는 원리이다. 성경의 가장 으뜸가는 원리는 예수님의 말씀에서 발견하게 된다. "예수께서 대답하시되 첫째는 이것이니 이스라엘아 들으라 주 곧 우리 하나님은 유일한 주시라 네 마음을 다하고 목숨을 다하고 뜻을 다하고 힘을 다하여 주 너의 하나님을 사랑하라 하신 것이요 둘째는 이것이니 네 이웃을 네 자신과 같이 사랑하라 하신 것이라 이보다 더 큰 계명이 없느니라"(막 12:29-31). 하나님으로부터 오는 모든 구체적인 말씀이나 음성은 절대 이 계명과 모순될 수 없다.

하나님의 음성을 구별하기 위한 보편적인 기준은 성령의 감화, 성경의 가르침과 일치, 환경이 일치될 때이지만, 예외적이고 특수한 경우도 있을 수 있다. 환경은 불가능하지만 하나님께 기도함으로써 확신을 주시고 가능한 상황으로 역사하는 경우 등이다.

Lectures for Intercession Prayer

Special Lecture 10

중보기도의 능력
The Power of Intercession Prayer

기도와 건강의 관계

신앙 행위는 치유와 회복을 위해 몸에서 일어나는 자연적인 치유과정, 즉 면역체계, 호르몬체계, 순환체계를 촉진시킨다. 하나님이 기적적이고 신비롭고, 설명이 불가능한 방식으로 치유를 일으키는 것에 관해서는 그동안 많은 이야기를 해왔지만, 어떻게 하나님이 과학적으로 이해가 가능한 방식을 통해 좀 더 빠른 치유가 일어나도록 하는지에 관해서는 상대적으로 논의가 부족했다. 신학자들과 목회자들뿐만 아니라 의학자들에 의하여 영적 생활의 가치가 임상적으로도 보고되고 있다. 헤롤드와 라슨은 『종교와 건강』(Handbook of Religion and Health)에서 종교적·영적 활동과 감정적·사회적·신체적 건강 상태의 관계를 조사한 1,600개

이상의 연구 결과와 의학 평론 기사를 증거로 종교와 건강의 관계를 보고했다. 연구 결과 대부분 환자의 종교적 신념과 영적 신념이 임상적으로 유익하며, 질병에 대처하고 질병에서 회복하는 데 중요한 역할을 한다고 보고했다.[52]

우리의 신체가 스트레스나 부정적인 생각에 의해 영향을 받는다는 사실은 더 이상 의문의 여지가 없다. 히포크라스(Hippocrates)가 지적한 "질병이 사람을 선택한다기보다는 사람이 질병을 선택한다."라는 말은 질병의 근본적 원인이 무엇인지를 말해 준다. 질병을 예방하는 가장 중요한 방법은 자신의 생각이나 감정을 부정적인 방향에서 긍정적인 방향으로 바꾸는 노력이다. 이런 일을 위해서 많은 노력이 시도되어 왔다. 명상, 바이오피드백, 즉 뇌파계에 의지하여 알파파의 조절과 안정된 정신 상태를 얻는 방법, 스트레스 완화제, 심리치료와 같은 방법들이 시도되어 왔다. 그러나 체스터 톨슨(Chester Tolson)과 헤롤드 코닝(Herold G. Koening)의 보고에 의하면, 가장 효과가 뛰어난 스트레스 감소요법은 기도라고 하였다.[53] 우리가 생각하고 느끼는 방식이 면역체계의 기능과 심장의 박동수, 혈압, 질병으로부터의 회복속도에 현저하게 영향을 미친다. 여기에 더해 여러 연구 결과들에 의하면, 예배에 참석하고, 성경을 읽고, 기도를 하고, 여러 가지 형태의 종교적인 활동들이 개인의 삶과 건강에 많은 영향을 미친다는 사실을 보고하였다.

듀크대학교의 최근 연구 결과에 따르면, 혈액 속의 인터루킨-6(interleukin-6, 림프구. 단핵 백혈구에서 생산, 분비되어 면역응답에 관하여는 물질적 총칭. 특히, 인터루킨-2는 암세포를 공격하는 킬러세포를 증식시키므로 항암제로 사용되고 있음)라고 불리는 시토킨은 특히 예배에 정기적으로 참석하는 사람들에게서는 적게 나타나는 것으로 드러났다.54) 인터루킨-6의 수치가 높은 것은 면역체계가 약화된 것을 의미하며, 면역체계를 공격하는 질병에 걸린 환자에게서 흔히 나타난다. 아이오아대학교의 또 다른 연구 결과에서도 인터루킨-6의 수치가 낮은 사람들은 영적으로 안정된 노인들인 것으로 나타났다.55)

이와 유사하게 마이애미대학교의 연구팀이 만성적인 질병을 앓고 있는 환자들을 대상으로 조사한 결과에서도 정기적으로 예배에 참석하고, 성경을 읽고, 기도하며, 묵상하는 사람들에게서는 질병에 대항해 싸우는 주요 면역세포들의 숫자가 더 많은 것으로 나타났다. 스탠포드대학교가 100여 명의 여성 유방암 환자들을 대상으로 한 연구결과에서도 종교적 활동수치가 높을수록 백혈구나 림프구 같은 면역세포의 수치가 높은 것으로 드러났다.56) 기도와 묵상은 중요한 영적 삶의 방편이기도 하지만 건강한 삶을 영위하는데 있어서도 중요한 역할을 하는 것을 알 수 있다. 카슨(V. Carson)과 후스(K. Huss)는 날마다 기도하는 사람과 기도 대상이 된 사람 사이에 일어나는 기도의 효과를 보고하였다.57) 묵상과 기도에 사용한 시간은 자아에 병적으로 함몰될 수도 있는 한 사람의 초점을 다른 곳으로 돌릴 수 있다.58) 미국에서 1987년과 1995년 사이에 2만 1천명이 넘는 성인을 대상으로 한 연구에서 일주일에 한 번 이상 종교 행사에 참석한 사람이 그렇지 않은 사람보다 예상 수명이 7년이나 연장되었다고 밝혔다.59)

중보기도의 효과

중보기도의 효과는 과학자들에 의해서도 증거되고 있다. 과학자들도 다른 사람들을 위해 기도하며 영적인 도움을 주기 위해 노력하는 사람들은 실제적으로 더욱 건강해진다는 사실을 발표했다.60) 한 연구에서 조사자들은 90명의 성인을 선택해 다른 406명의 사람들을 위해 기도하도록 하였다. 중보기도 사역자들은 406명을 위해 12주 동안 하루 15분씩 기도했다. 기도를 받는 사람들은 세 명의 중보기도 사역자들로부터 기도를 받았다. 기도를 시작하기 전에 중보기도 사역자들을 포함해 실험의 참가자들은 우울감과 불안, 자신감에 대한 검사를 마쳤다. 12주 동안에 걸친 실험이 완료되었을 때 중보기도 사역자들이나 기도를 받았던 사람들이나 모두 내적인 상태가 호전된 것으로 나타났다. 500명의 환자를 대상으로 한 또 다른 실험에서는 규칙적으로 기도를 받은 환자들은 우울의 정도가 낮았고, 정서적으로나 영적으로도 좀 더 많은 성장을 보였다.61)

  이 외에도 중보기도의 효과는 임상적인 관찰을 통해 다양하게 보고되고 있다. 1988년 심장전문의인 로버트 버드 박사는 샌프란시스코 종합병원 심장병 치료실에서 약 400명의 환자를 뽑아 무작위로 중보기도를 받는 그룹과 기도를 전혀 받지 않는 그룹으로 나누었다. 실험을 진행한 의사도 환자들이 누가 기도를 받는지, 누가 기도를 받지 않는지 모르게 했을 뿐만 아니라 기도하는 사람도 자신이 기도하는 환자를 알지 못하게 하고 이름만 알고 기도하게 했다. 실험 결과는 놀라웠다. 기도를 받은 그룹에 속한 환자들은 심장부전으로 고통받는 일이 적었고, 심장정지 횟수나 폐렴 증상을 보이는 일도 적었으며, 약품을 덜 복용하고, 호흡기도 덜 사용했다.62)

  또 하나의 예는 관상동맥 치료에서도 중보기도의 효과가 입증되었다. 한 병원의 관상동맥 치료 센터에 있는 환자들을 실험집단과 통제집단으로 나누고, 실험집단에 속한 환자들은 정기적으로 병원 밖에서 만났던 한 그룹에 의해 중보기도를 받았다. 결과를 평가했던 연구자들이나 환자들 누구도 어느 환자에게 어떤 실험 조건이 할당되고 시행되었는지 알지 못했다. 일부 결과에서, 중보기도를 받은 실험 집단에 있던 환자들이 중보기도를 받지 않는 통제집단의 환자들보다 퇴원할 때 더 건강했다. 두 집단 사이에서 관찰된 차이가 우연히 일치할 확률은 1000분의 1 미만이었다. 이 결과는 성경을 권위 있는 것으로 받아들이는 사람에게는 그리 놀랄 일이 아니지만, 정신분야에서 받아들일 수 있는 과학적인 언어로 기도의 효과를 기록했기 때문에 중요하다.

우리나라에서도 기도와 건강의 관계를 연구한 적이 있다. 체외수정을 한 두 여성집단을 무작위로 골라 서로 비교했다. 이 연구는 중보기도를 받은 그룹의 임신율과 기도를 받지 않은 그룹의 임신율을 조사했다. 기도를 받은 그룹의 임신율은 50퍼센트였고, 기도를 받지 않는 그룹의 임신율은 25퍼센트였다. "중보기도 효과가 체외수정과 수정란 이식 결과에 통계적으로 상당한 차이를 나타낸다는 것이 관찰되었다."[63]

중보기도는 사람에게 치유의 힘을 가져다준다. 이것은 특히 중보기도자가 기도하고 있는 것을 상대방이 알고 있었을 때 특별한 효과를 나타낸다. 이것에 대해서는 과학적인 근거가 있다. 조지타운대학교의 데일 매튜 박사와 그의 연구진들은 류마티스성 관절염을 앓고 있는 40명의 환자들에게 중보기도가 병세에 어떤 영향을 미치는가를 조사했다.[64] 중보기도를 받은 환자는 12달의 실험기간 동안 관절의 부기, 자각 증상, 피로, 기능회복 등의 측면에서 지속적으로 현저하게 증세가 호전되는 모습을 보였다. 이 실험에서는 자신이 중보기도를 받고 있다는 사실을 알고 있는 환자들에게서만 호전되는 현상이 나타났다. 때문에 가능하다면 우리가 기도하고 있는 상대방이 그 사실을 알게 하는 것이 필요하다.

중보기도는 단지 마음에서 마음으로 연결되는 수평적인 것이 아니다. 중보기도는 삼각형적인 구도를 지닌다. 우리가 다른 사람을 위해 중보기도를 할 때 우리는 상대방의 치유를 확신하며, 우리의 믿음은 상대방의 필요와 연결되어 있다. 중보기도에서 그러한 요청을 받아들이고 다시 보내는 방송탑 역할을 하는 분 바로 하나님이시다.

중보기도의 축복

우리가 다른 사람들을 위해 기도할 때 하나님은 우리를 축복해 주신다. 욥은 너무나 감당하기 힘든 시련을 겪었다. 자녀들을 잃었고, 그의 소유물과 종들, 농작물과 가축을 잃었으며, 마침내는 건강까지 잃었다. 그의 몸은 종기들로 뒤덮였다. 친구들은 그 모든 것이 욥의 불순종 때문이라고 비난했다. 아내는 차라리 하나님을 저주하고 죽으라고까지 했다.

그런데 갑자기 욥의 건강이 회복되고 이전 모든 소유보다 갑절이나 갖게 되었다. 새로운 자녀들도 얻었고, 친구들도 그를 존경하게 되었다. 가축과 종들도 두 배로 많아졌다. 과연 무엇이 이렇게 기적적인 변화를 가져오게 했을까? 성경은 욥이 친구들을 위해 기도했다고 말한다(욥 42:10). 욥은 자기의 삶과 신앙을 잘못 해석을 하고 오해를 하는 친구들을 위해 중보기도를 했다.

우리가 다른 사람들을 위해 기도할 때 하나님은 우리에게 복을 주신다. 다른 사람의 건강을 위해 기도할 때 우리의 건강에 복을 주신다. 다른 사람의 자녀들을 위해 기도할 때 우리의 자녀들에게 복을 주신다. 욥이 그의 친구들을 위해 기도했을 때 하나님은 욥에게 복을 주셨다. 우리가 다른 사람들을 위해 기도할 때 하나님은 우리에게 복을 주신다.

ecial Lecture 11

중보기도자의 영적 지수 평가
Evaluating Spiritual Quotient of Intercessor

불균형적 영적 성장을 지양해야 한다

영적으로 건강한 사람은 아는 것과 체험과 행동에서 균형을 잃지 않는다. 하지만 이 세 차원의 균형이 깨지면 불건전한 영적 성장을 하게 된다. 다른 사람을 위해 사랑으로 기도하는 사람은 균형적인 영적 성장을 이룰 때보다 더 아름다운 기도 사역자가 될 수 있다. 제임스 패커(James Packer)는 불건전한 영적 성장을 사람의 몸에 비유하여 세 유형으로 설명하였다.65)

먼저, 머리만 큰 사람이다. 즉, 거대한 머리에 성냥개비 같은 몸통과 팔다리의 모습을 가진 사람이다.

이러한 사람은 기도와 같은 교리를 배우는 일에는 온 열정을 쏟지만, 실제로는 기도하지 않는 사람이다. 기도에 대한 신학적 심리학적 차원에 대해서도 능숙하게 알지만 기도의 체험에는 관심이 없다. 진리의 경험에 별 관심이 없고, 말씀에 순종하거나 다른 사람을 섬기는 일에도 열의가 없으며, 내세울 만한 획기적인 신앙체험도 없다. 하지만 머리는 항상 더 많은 것을 알기 위해 힘쓴다.

다음은 복부만 큰 사람이다. 즉, 핀의 대가리만 한 머리에 거대한 복부와 성냥개비 같은 다리의 형체를 하고 있는 사람이다.

이러한 사람은 기괴한 성장을 보여주는데, 기도와 하나님과 같은 교리에는 별 관심이 없지만 감정은 끊임없이 세차게 움직인

다. 때문에 극적이며 흥미로운 체험을 하는 것이 기독교라고 생각한다. 이러한 사람은 경험에 대한 열정을 가지고 지속적으로 모임에 참여하며, 영광스러운 느낌이 계속 되살아나 뜨거운 상태가 되기를 갈망한다. 이러한 사람은 기도생활에서도 하나님의 사랑에 의해 압도되는 체험을 하기를 원한다. 그리스도인들이 하나님과 교제를 갈망하고 하나님 체험을 사모하는 것은 지극히 당연하고 정상적인 것이다. 시인 조셉 하트는 이런 구절을 남겼다. "진정한 종교는 관념 그 이상이라네. 무언가를 알아야만 하고 '느껴야만' 하네."66) 하지만 바르게 아는 것과 실천에는 관심이 없이 경험만을 추구할 때 바람직한 영적 성장을 이룰 수 없다.

마지막으로 다리만 큰 사람이다. 즉, 핀의 대가리만 한 머리에, 성냥개비와 같은 몸통, 다리만 큰 형체를 하고 있는 사람이다.

이 사람 역시 균형 잡히지 않은 영적 성장을 보여 주는 적극적인 사람이다. 한 시간도 가만히 있지 않고 돌아다니며, 선을 행하는

데 관심은 있지만 진리를 연구하는 일이나 영적인 삶에서 영적 훈련을 하는 데는 전혀 관심이 없다. 이러한 유형의 사람은 여러 모양으로 프로그램을 만들고 어떤 것을 변화시키는 일에 열정을 쏟는다. 이러한 사람은 기도생활에 열심을 낼 수 있지만 생각보다 행동이 앞서는 경향이 있기 때문에 무조건 부르짖는 기도만을 강조할 수 있다.

중보기도자는 진리와 경험과 행동, 세 영역에서 동일하게 관심을 가져야 한다. 세 차원에 대한 열정의 고른 분배가 습관적으로 이루어지지 못할 때, 중보기도자의 영적 성장은 한쪽으로 기울어져 불건전한 성장을 하게 된다.

분노는 기도하는 삶을 망가뜨린다

우리의 영적 건강에 치명적인 역할을 하는 것은 분노이다. 레드포드와 버지니아 윌리엄스 부부는 그들의 저서 『죽음을 부르는 분노』(Anger Kills)에서 분노는 단지 부정적인 감정이 아니라 죽음에 이를 수도 있는 감정이라는 것을 입증한 많은 연구 결과를 보여 주었다.[67] 분노는 심장질환, 심장마비, 불규칙한 심장박동, 그 밖의 생명을 위협하는 질환으로 이어질 수 있다. 때문에 레드포드 윌리엄스와 버지니아 윌리엄스는 분노를 인식하고 대처하지 못하는 사람은 날마다 조금씩 독을 마시는 것과 같다고 지적했다.68) 현자는 분노의 수준을 다음 넷으로 나누었다.69)

- 쉽게 노여워하나 금방 냉정을 찾는 사람.
- 화를 잘 내지 않지만, 일단 화가 나면 냉정을 찾지 못하는 사람.
- 쉽게 화를 내고 잘 가라앉히지 못하는 사람. 수준이 가장 낮은 사람으로 탈무드는 그를 '사악한 사람'(evil person)이라고 규정한다. 아직 큰 잘못을 저지르지 않았을지라도 성마른 기질 때문에 언제든지 심각한 죄를 범할 공산이 크다.
- 화를 더디 내고 쉽게 냉정을 찾는 사람. 수준이 가장 높은 사람이다.

우리가 다른 사람에게 분노를 품는 것은 건강에 해로울 뿐만 아니라 영적 건강에도 치명적인 장애가 된다. 에바그리우스는 분노를 영혼을 어둡게 만드는 가장 극렬한 감정으로 보았다. 또 그는 사탄이 기도를 방해하기 위해 촉발하는 악한 감정으로 신자들의 가장 강력한 적이라고 하였다. "분노는 영혼의 눈을 어둡게 하고 기도하는 상태를 망가뜨린다."70)

물론 하나님도 분노하신다(시 78:49). 하지만 하나님의 분노는 외부 여건에 따라 조작되거나 강화되는 것이 아니라 그 속성에서 나온 것이다. 하나님의 분노는 그분의 중요한 속성인 사랑에서 촉발된다. 그의 백성을 깊이 사랑하시는 하나님은 그들이 회개하고 돌아오도록 하기 위해 분노하신다(시 90:7:12). 그러나 인간이 화를 낼 때 치명적인 문제가 되는 이유는 그 화가 의로운 것이든 아니든 통제하기 쉽지 않다는 데 있다. 게다가 그레고리우스가 말했듯이 분노는 결국 분쟁, 마음의 동요, 모욕, 야유, 분개, 모독과 같은 딸들을 주렁주렁 낳기 때문에 상대를 괴롭히고, 관계를 파괴하며, 증오의 악순환에 빠뜨리는 매우 치명적인 심각한 죄라 할 수 있다.71) 그러므로 바울은 "분을 내어도 죄를 짓지 말며 해가 지도록 분을 품지 말라"(엡 4:26)라고 하였다. 성경은 분노가 하나님의 의를 이루지 못한다고 하였다(약 1:20).

지상에서 최고로 온유한 자라고 칭함을 받았던 모세는 중요한 순간에 분노를 참지 못해 약속의 땅으로 들어가는 영광을 놓치고 말았다. 분노는 결국 하나님의 의를 가리게 된다. 중보기도자가 가장 피해야 할 것은 분노이다. 분노는 기도생활에서 치명적인 장애로 작용하기 때문이다.

영적 지수 점검하기

교회 분석 전문 연구가인 조지 바나는 우리의 영적 지수를 파악할 수 있는 점검표를 고안해냈다. 바나는 20년에 걸쳐 사람들의 영적 개발과 성취에 관해 연구한 내용을 바탕으로 영적 건강과 관련된 핵심요소에 초점을 맞추어 항목을 만들었다.[72] 바나의 영적 건강 점검표가 우리의 모든 영적인 차원을 완벽하게 평가할 수 있는 것은 아니지만, 우리의 영적 지수를 평가하는 데 통찰력을 제공해 줄 수 있다.

이 점검표의 기초는 누가복음 10장 27절이다. 예수님은 영적 생활의 두 가지 필수요소로 하나님을 사랑하고, 네 이웃을 네 몸과 같이 사랑하라고 말씀하셨다. 영적 건강의 지수를 알아내기 위해 이 두 가지 필수요소를 기초로 하여 영적 지수 점검표가 작성된 것이다. 다음 내용은 바나가 영적 지수를 평가하기 위해 작성한 항목들이다.

1 = 전혀 또는 절대 아니다   2 = 별로 또는 드물게
3 = 약간 또는 이따금씩   4 = 종종 또는 보통
5 = 완전히 또는 항상

(1) 당신이 하나님의 우월함과 완전함을 인정하며 그분을 향해 깊이 존경하고 경외하며 낮아지고 감사드린다( ).

(2) 당신이 소유한 신앙의 내용을 관심이 있는 사람과 직접 나눈다 ( ).

(3) 당신은 다른 사람의 필요와 장래를 위해 기도한다( ).

(4) 당신이 내리는 결정과 선택은 영적 원리와 가치관에 바탕을 두고 있다( ).

(5) 당신의 언행은 하나님을 기쁘시게 한다( ).

(6) 당신은 기도하면서 하나님께 말씀을 드리고 그분의 말씀에도 귀 기울인다( ).

(7) 당신에게 예배는 그저 참석만 하는 행사가 아니다. 당신은 하나님께 예배드리는 삶을 살아가려고 한다( ).

(8) 당신을 알고 당신에게 관심이 있는 사람들이 당신에게 도덕적이거나 영적인 책임을 묻는다( ).

(9) 당신은 가난한 사람을 위하여 당신의 시간, 능력, 돈을 아낌없이 베푼다( ).

(10) 당신은 불의나 불평등과 싸운다( ).

(11) 다른 사람에게 사랑을 받고자 하는 대로 다른 사람을 사랑하라는 황금률을 실천하기 위하여 노력한다( ).

(12) 당신의 태도, 가치관, 생각이 하나님을 기쁘게 한다(   ).

* 위의 12 항목들의 점수를 합산하여 48점이 넘으면 영적으로 건강할 가능성이 높다는 뜻이고, 24점 이하는 현재 영적으로 건강하지 못할 수도 있다는 것을 나타낸다.

Lectures for Intercession Prayer

Special Lecture 12

신앙의 유형에 따른 중보기도
Intercession Prayer and The Types of Faith

우리의 신앙은 끊임없이 성장하고 발달해 가야한다.[73] 기도는 우리의 신앙의 성장과 유형에 따라 목적과 방법이 달라 질 수 있다. 존 웨스터호프 III(John Westerhoff III)는 신앙을 네 가지 유형(styles)으로 구분하여 설명하였다.

경험된 신앙과 기도

'경험된 신앙'(experienced faith)이다. 이 유형은 주로 유아기에 나타나는 신앙 유형으로 신뢰, 사랑, 수용됨과 같은 정서적 경험이 중요한 유형의 신앙이다.[74] 주로 유아기에 나타나지만 성인도 이런 유형의 신앙을 가질 수 있다. 이 유형의 신앙은 자기가 경험한 신앙만 가치화하는 경향이 있다. 이 단계의 사람들의 기도 목적은 하나님을 통해 어떤 것을 얻는 데 있다. 때문에 주로 부르짖는 기도를 한다. 이 단계의 사람들은 어머니가 자녀를 위해 모든 것을 공급해 주는 것처럼 하나님께 기도할 때 이런 마음을 가지고 기도를 한다. 어머니가 어린 자녀를 귀하게 여기듯 하나님도 이런 사람의 기도를 결코 무시하지 않고 귀하게 여기신다.

귀속적 신앙과 기도

'귀속적 신앙'(affinitative faith)이다. 이 유형의 신앙은 아동기부터 청소년 초기 동안에 두드러진 유형으로서 자아정체감과 더불어 자신을 받아들여 주는 공동체 안에서 다른 사람과 함께 행동하고자 하는 신앙 유형이다.75) 이 단계 사람들의 기도는 주로 부르짖는 기도와 묵상기도를 선호한다. 그리고 자신의 필요뿐만 아니라 공동체의 필요를 위해서도 기도를 하지만, 자신과 자신의 가족, 자신이 속한 교회 공동체를 위한 기도를 벗어나지는 않는다.

탐구하는 신앙과 기도

'탐구하는 신앙'(searching faith)이다. 이는 주로 청소년 후기에 나타나는 유형으로서, 사람들이 이전에 가졌던 신앙에 대한 이해에 대해 회의하면서 지적이고 비판적인 성찰과 탐구를 하게 되며, 공동체의 이야기들과 가르침 그리고 행동들의 의미와 목적에 대해 해석적 경향을 보이고 질문을 제기하는 경향을 보인다.[76] 이 단계의 사람들은 기도의 목적과 다양한 방법에 대해서도 고민하게 된다. 자신을 위해서 기도하지만 나라와 민족을 생각하며 기도하는 단계에 이른다. 하지만 이 단계의 신앙을 가진 사람들은 상당히 성찰적인 신앙이 형성되는 시기이기 때문에 전통적인 기도 방식에 비판적이고 저항적일 수 있다. 하지만 기억해야 할 것은 이러한 현상은 신앙이 퇴보하고 있는 것이 아니라 성장하고 있다는 것이다. 즉, 기존의 전통적인 방식에 대한 비판은 저항으로 표현된 믿음이며, 거부로 표현된 성장의 과정이라는 것을 알아야 한다.

자기 소유적 신앙과 기도

'자기 소유적 신앙'(owned faith)이다. 자기 소유적 또는 고백적 신앙은 말과 행동이 일치하는 성숙한 신앙으로 삶 속에서 신앙을 증언한다. 믿는 것과 삶 속에서 행하는 것 사이의 불일치를 없애기 위해 힘쓰는 신앙 유형이다. 이러한 유형을 지닌 사람들은 자신의 자아 정체감이 분명하고, 하나님에 대한 보다 넓은 이해와 세상에서 하나님의 뜻에 일치된 행동을 하려고 노력하며, 다른 사람들에게 열려 있는 사람이다.77) 이 단계의 신앙에 있는 사람들은 기도의 다양한 형태들을 수용하려는 자세를 취한다. 의식적인 기도의 형태인 부르짖는 기도, 묵상기도, 예수기도뿐만 아니라 꿈과 같은 무의적인 차원과 신비적 차원에도 열린 자세를 가진다. 이 단계의 신앙은 전통과 의식과 무의식 세계뿐 아니라 인간의 정신세계 너머에 있는 하나님의 신비성까지 껴안는 하나님의 성육신적 사랑을 경험하는 신앙이다. 그리고 온 인류를 향한 사랑, 이타적인 사랑을 실천하는 행동하는 신앙이다. 이 단계의 신앙에 있는 사람들은 기도하는 것과 노동하는 것이 동일하게 여겨진다. 다른 사람을 위해 기도하는 것과 집 없는 사람들을 위해 집 지어주기 운동을 하는 것이 동일하게 중요하다.

　중요한 것은 모든 사람은 예외 없이 이러한 네 가지 유형의 신앙을 경험하기 때문에 우리가 어떤 유형의 신앙을 가지고 있더라도 그것은 하나님의 은총 밖에 있는 것이 아님을 잊어서는 안 된다.

Special Lecture 13

내적 치유를 위한 중보기도
Intercession Prayer for Inner Healing

하나님의 테라피의 중요한 방편은 기도다

중보기도 사역자와 내적 치유가 필요한 사람이 함께 내적 치유를 위해 기도할 때 하나님이 행하시는 가장 중요한 역사는 상처 가운데 있는 자를 존중하고 사랑하신다는 것을 깨닫게 하시는 것이다. 내적치유가 필요한 사람의 인격의 어두운 면과 일생동안 억압된 정서적 외상(emotional trauma) 가운데 있는 자가 자신은 사랑스럽지 않은 존재이며 가치가 없는 존재라는 생각, 즉 그동안 그가 초기 유아기로부터 그의 내면에 자리 잡은 신념들은 하나님에 대한 모욕이라는 것을 알게 된다. 왜냐하면 그는 하나님의 것(사 43:1)일 뿐만 아니라 하나님의 눈에 보배롭고 존귀한 존재이기 때문이다(사 43:4). 하나님은 쓰레기 같은 사람을 만들지 않으셨다. 하지만 우리가 우리 자신을 쓰레기로 만드는 것이다.[78] 우리가 "매일의 삶 속에서 심리적 지각과 내적 대화에 몰입한다는 것은 불안과 근심의 빈번한 요인이 된다."[79] 하지만 하나님의 테라피인 기도의 목적은 우리의 진정한 형상을 다시 회복하도록 만드는 데 있다. 우리가 진정한 자기를 보기 시작할 때, "자신을 아무것도 아닌 존재(no-thing)나 특별하지 않은 존재라고 생각하는 것은 친구들, 친척들, 재산이나 지위뿐 아니라, 자신의 몸과 감정들, 생각들, 그리고 내면 깊은 곳 자아와의 과잉 동일화를 포기하는 것이다."[80]

중보기도 사역자들은 진정한 기도의 목적은 하나님 안에서 기도하는 사람과 기도를 받는 사람들이 자기변혁을 경험하게 된다는 것을 알아야 한다. 진정으로 기도하는 사람은 하나님 안에서 자기변혁을 경험하게 된다. 기도는 하나님의 강력한 테라피의 방편이다. 폴 투르니에는 기도를 통하여 예수 그리스도를 만날 때 진정한 변화와 치유를 경험할 수 있다고 고백한다.

> 기도와 묵상을 통하여 예수 그리스도를 만나는 것만이 진정한 삶의 변화를 가져오는 길이다. 삶이란 어떤 규칙이나 충고 등의 수단만으로는 변화될 수 없다. 규칙이나 충고 같은 것은 그것을 지키고자 하는 사람들

에게 또 하나의 무거운 짐이 될 뿐이다. 무엇보다도 이와 같은 처사는 인간 정신 속에 도사리고 있는 비극적 본성을 이해하지 못한 데서 오는 것이다. 인간은 스스로 만든 원칙을 지킬 수 없는 무능한 존재라는 것을 이해해야 한다... 삶의 모든 개혁의 근원은 예수 그리스도와 개인적인 친교를 가지는 데 있다. 내가 치료의 가장 깊은 의미는 상담이나 조건에 있지 않고 병든 사람을 예수 그리스도와의 인격적인 만남으로 인도하는 데 있다고 느끼는 이유가 여기에 있다. 예수 그리스도와 만남이 이루어질 때 새로운 삶의 질을 발견하게 되고, 그들에 대한 하나님의 뜻을 분별할 수 있으며, 하나님의 뜻을 따르는 데 요구되는 초자연적인 능력을 받을 수 있다.[81]

하나님의 테라피인 기도는 행복한 정서를 위한 우리의 과장된 욕망들을 수정하게 한다. 왜냐하면 인간의 진정한 치유는 우리가 만들어 놓은 어떤 공식에 의해 일어나기보다는 하나님 안에서 자기 정체성을 발견할 때 시작되기 때문이다.

미국의 텍사스 의과대학의 레리 도시(Larry Dossy)는 "거의 대부분의 사람이 알고 있듯이 심리검사는 기껏해야 정신 속에서 작동하고 있는 영향력들에 대한 일반적인 지표들에 불과하다. 병세 호전에 대한 정확한 수치를 증명하는 데 이런 검사를 사용하는 것은 지나친 일이다."라고 하였다.[82] 인간의 지혜는 한계가 있음을 지적한 것이다. 우리의 삶 속에서 실제로 수많은 심리 치유의 공식이 넘쳐나고 있지만 갈수록 더 많은 상처로 신음하는 것은 인간의 실존의 현주소를 증명해 주고 있다고 할 수 있다. 물론 치유를 위한 우리의 노력을 거부해서는 안 된다. 하나님은 우리를 통해서도 일하시는 분이기 때문이다. 하지만 하나님 없는 테라피는 불안할 수밖에 없다. 인간은 근본적으로 불완전한 존재이기 때문이다.

내적 치유의 대상과 함께 기도해야 한다

우리는 보편적으로 내적 치유를 위한 중보기도를 하는 사람과 기도 받는 사람으로 구분하여, 기도는 중보기도 사역자만 하는 것으로 생각하는 경향이 있다. 하지만 내적 치유를 위한 기도는 함께해야 한다. 왜냐하면 기도 받는 사람은 기도하지 않고 중보기도 사역자만 기도한다는 생각은 하나님의 초월적인 역사만을 기대하는 기도의 신념과 목적에 집중되어 있는 경향이 강하기 때문이다. 그러나 내적 치유를 위한 중보기도의 목적은 하나님의 초자연적인 역사를 통한 치유보다는 하나님 안에서 진정한 자기를 발견할 수 있도록 하는 데 있기 때문에 함께 기도해야 한다. 물론 한 공간에서 같은 시간에 반드시 함께 기도해야 하는 것은 아니다. 내적 치유를 위한 중보기도는 하나님의 테라피에 치유가 필요한 사람을 참여시키는 데 목적이 있다. 어린 시절의 외상으로 인해 왜곡된 자기 정체성을 가지고 있는 사람을 위한 치유는 어떤 방법보다도 하나님의 테라피인 기도가 강력한 치유를 일으킬 수 있다.

내적 치유에서도 기도는 기능적이 아니라 관계적이다

기도의 치유 효과에 대한 과학적 연구 중 하나는 캘리포니아의 레드랜즈대학(Redlands University)에서 행해진 기도실험이다. 이 실험은 윌리암 파커(William Parker)와 일레인 존스(Elaine St. Johns)의 『기도는 당신의 삶을 변화시킬 수 있다』(Prayer Can Change Your Life: Experiments and Techniques in Prayer Therapy)를 통해 알려졌다.83) 이 실험에서 피실험자들은 22세에서 60세까지 45명의 지원자로 이루어졌다. 그들 중 3분의 1은 대학생, 3분의 2는 지역사회의 주부, 교사, 사업가, 그 밖의 직업군들로 이루어져 있었다. 이들 지원자들은 연구에 참여했을 당시 우울증 등의 문제점을 가지고 있었다.

환자들은 15명씩 세 개의 그룹으로 나눠졌다. A그룹은 평범한 심리요법을 받았다. 이들은 치료를 받는 동안 어떤 종교적 언급도 받지 않았다. 그들 각자는 이런 형식의 치료를 선호한다고 고백했거나 의사들로부터 이런 심리요법을 받을 것을 권유받은 적이 있는 사람들이었다. B그룹은 평범한 기도만 하는 그룹이었다. 이들은 9개월에 걸친 실험 내내 매일 밤마다 자신을 위해 기도했다. 그들은 충실하게 종교의 가르침을 실천하고 있는 기독교인이었으며, 기도에 대한 한없는 확신을 가지고 있었다. 그리고 심리학적 상담은 불필요하다고 믿었고, 자신이 기도를 잘하는 방법에 통달해 있다고 믿고 있었다. 따라서 기도에 대한 어떤 다른 방식도 그들에게 제공되지 않았다. 그들의 기도 목적은 감정적인 것이건 육체적 질병이건 상관없이 지금 가지고 있는 문제를 없애는 것이었다. C그룹은 자신들에 대한 심리적인 검사를 받으며 매주 2시간 동안 기도모임을 통해 만남을 가졌다.

이들 세 그룹은 다른 그룹과 서로 어떤 접촉이나 의사소통도 하지 못했다. 그들은 실험 전후에 몇 개의 심리학적 검사를 받았다. 모든 검사는 숙련된 통계 심리학자에 의해 집행됐고, 그들은 실험에 직접적으로 연관되지 않은 사람들이었다. 검사에는 개인의 내면 깊숙한 곳에 자리 잡고 있는 역동적인 움직임이 표면으로 드러나게 만드는 검사인 로르샤흐테스트, 특정한 성격에 대한 깊은 통찰을 제공하는 손디테스트, 한 개인의 내면적인 태도와 감정을 자유롭게 표현하는 과정을 통해 태도와 감정을 평가하는 TAT, 문장 완결과 단어 연관 테스트까지 다양한 도구가 사용되었다.

검사 결과는 A그룹의 심리상담자들에게 제공됐으며, 이들은 이런 결과를 치료 전반에 걸쳐서 환자에게 조언을 제공할 목적으로 사용했다. C그룹 참가자들은 매주 봉인된 봉투를 받았는데, 이 안에는 한 주 동안의 검사에서 밝혀진 본인 성격에 내재된 해로운 측면들이 적혀있었다. 이런 방식은 그 참가자가 이런 부정적 특성들에 집중하고 구체적인 기도를 통해 이를 제거할 수 있게 해주었다. 기도모임 그룹의 만남이 지속되면서 참가자들은 그들의 테스트 결과와, 이를 토대로 스스로의 문제점을 고쳤던 성공담뿐만 아니라, 이런 문제점을 다루면서 장벽에 부딪혔던 경험까지 서로 공유하기 시작했다. 테스트 결과는 실험 전반을 진행하고 있는 심리학자들과 그들의 조교들에게도 역시 전해졌다.

9개월 후에 환자들은 다른 중립적인 심리학자들에 의해 다시 한 번 검사를 받았다. 연구 결과, 심리요법을 받은 A그룹은 65퍼센트의 향상을 보였다. 스스로 기도했던 B그룹은 어떤 향상도 보이지 못했고, C그룹은 72퍼센트의 향상을 보였다. 연구자들은 C그룹, 즉 기도모임 그룹 내에서 몇몇 참가자들이 총체적 치유가 일어났다고 확신했다. 이들 참가자들은 초기에 편두통, 말더듬 증상, 궤양증상, 간질 증상을 보였다.

이 실험결과를 그리스도인들에게 보여 주면 신실한 믿음으로 기도한 사람들의 결과가 0퍼센트라는 사실에 대부분의 그리스도인들이 놀란다. 가장 대표적인 반응은 진정한 믿음을 가지고 기도하였다면 0퍼센트가 나올 수 없다는 것이다. 이러한 반응은 우리가 기도를 외형적으로 나타난 결과만을 가지고 기도의 가치를 평가하려는 것에 익숙해 있기 때문이다. 기도는 기능적인 것이 아니라 관계적인 것이라는 것을 놓치기 때문이다. 하나님은 우리가 다른 사람을 위해 기도할 때 100퍼센트 응답하실 수도 있고, 50퍼센트 응답하실 수도 있고, 0퍼센트 응답하실 수 있다. 바울은 그의 몸에서 가시가 사라지기를 세 번이나 구했지만 응답은 받지 못했다.

내적 치유 대상의 문제를 알고 기도해야 한다

내적 치유를 위한 기도를 위해서는 기도 대상자 가족의 내력이나 삶의 단계별 여정과 함께 주요한 기억들을 파악하여 기도해야 한다. 기도 받는 사람의 과거의 상처, 분노, 수치, 특별히 고통스러운 경험이 있는지를 알아야 한다. 중보기도 사역자는 이러한 노력을 통해 치유기도를 받고자 하는 사람이 하나님의 치유를 열망하도록 도와야 한다.

중보기도자가 주의해야 할 사항들도 있다

중보기도 사역자가 다른 사람의 내적 치유를 위한 기도에 참여할 때 다음 사항들은 주의해야 한다.

- 중보기도 사역자는 기도가 끝난 후에 그 사람이 허락하지 않으면 그의 문제를 타인에게 말해서는 안 된다. 비밀을 보장하는 것은 가장 기본적인 것이다.
- 중보기도 사역자는 내적 치유를 위한 기도의 대상자의 어떤 부정적인 문제가 기도제목으로 주어졌을지라도 판단하거나

정죄하거나 비난하지 않아야 한다.
- 중보기도 사역자는 효과가 없을지라도 걱정해서는 안 된다. 그때에도 하나님이 행하시는 대로 신실하게 따르고 결과는 하나님께 맡겨야 한다.
- 중보기도 사역자는 기도 후에 설교하려고 해서는 안 된다. 이러한 행위는 하나님의 테라피 여정을 방해하는 것이다.
- 중보기도 사역자는 내적 치유 기도의 대상자의 부정적인 느낌과 반응에 급하게 반응해서는 안 된다. 기도로 하나님의 사역에 참여하고 있다는 것을 놓치지 않아야 한다.
- 중보기도 사역자는 내적 치유의 대상이 느낌을 표현할 때 방해하지 않도록 해야 한다. 그의 감정을 끝까지 잘 들어 줌으로써 존중해 주고 충고하지 않아야 한다.

Special Lecture 14
중보기도와 교회
Intercession Prayer and The Church

중보기도와 교회 성장

중보기도와 교회 성장의 관계는 반드시 비례하는 것은 아니지만 성장하는 대부분의 교회는 기도가 살아있는 교회이다. 기도를 중요하게 여기며 열정적으로 기도하는 오순절적인 교회들이 성장을 경험하는 경우가 대표적인 예이다. 데이비드 바렛(David Barrett)은 다음과 같은 통계를 제공하였다.

- 1965년에 오순절, 은사주의 신자들은 5천만 명이었다.
- 1975년에는 9천9백만 명이었다.
- 1985년에는 2억 4천7백만 명이었다.
- 1991년에는 3억 9천2백만 명이었다.[84]

물론 오순절 계통의 교회가 80년대와 90년대에 이렇게 급성장한 요인 중의 하나는 사회경제적인 상황과도 관련되어 있다고 할 수 있지만, 이 교회들의 성장의 배경에는 열정적인 기도가 중요한 역할을 하였다는 것은 사실이다. 미국 교회 목회자들 중에서 기도를 가장 많이 하는 사람들은 대부분 오순절 계통의 목회자들이다.

- 자유주의 목사들은 하루에 평균 18분 기도한다.
- 복음주의 목사들은 하루에 평균 17분 기도한다.
- 오순절 목사들은 하루에 46분 기도한다.[85]

미국교회에서 오순절 교회 목사가 다른 교단의 목사들보다 두 배 이상 기도한다는 것을 알 수 있다. 이러한 증거는 목회자의 기도생활이 교회 성장과 관련이 있다는 증거이기도 하다. 교회 성장과 중보기도의 관계를 낸시 파프(Nancy Pfaff)는 연구하기 위해 훈련받은 중보기도 사역자들로 하여금 일 년 동안 130명의 목사와 선교사를 위해 하루에 15분씩 기도하게 하였다. 그 결과 89퍼센트의 목회자들이 그들의 중보기도가 목회 사역에서 더 효과적으로 영적 변화를 경험하였다고 응답했다. 파프는 이 연구를 통해서 중보기도의 중요성뿐만 아니라 지속적으로 기도하는 것이 더 효과적이라는 것을 제안하였다. 파프는 이렇게 말하였다. "중보자들이 몇 주간 기도하고 중단했을 때에는 그 해에 목회자들의 삶과 사역에서 특별한 변화가 일어나지 않았다."86) 파프는 중보기도를 받은 109명의 목회자들 중에서 60퍼센트가 자신의 교회가 괄목할 만한 성장을 경험했다고 보고했다. 또 "모든 교회마다 기도가 저축이 되어 잃은 양을 찾고, 타락한 자들을 부흥시키고 실족한 자들을 회복시키며, 헌신된 자들을 더욱 효과적으로 살게 하는 역사에 대해서 확신을 갖게 되었다."라고 하였다.87)

중보기도와 영적 지도자

현대 목회자들과 신학자들은 낼슨 타이어(Nelson Thayer)가 지적한 것처럼 삶이 기도라고 말하면서 실제로 기도하지 않는 현대 그리스도인들의 지성주의적인 경향을 경계할 필요가 있다. 그는 다음과 진술하였다.

> 오늘날 가장 영향력 있는 개신교 목회자의 다수는 니버와 폴 틸리히 그리고 그들 동료들의 이성적 예언주의의 영향 아래서 훈련받은 자들이

다. 이러한 신학자들의 초점은 사회 정의에 두고 있는데, 성경의 역사적 비평적 해석의 토대 위에서 사회적 역동성에 관한 해석을 완성하였으며 영성의 경계와 정의구현을 위한 의지를 하나로 규합하였다. 그들에게 기도는 사적인 것이며 도피적인 것이다. 그리고 기도는 자아에 탐닉하는 것이며 한쪽으로 치우치는 것이다. 이러한 영향을 받았던 사람들 중에 한 사람이 그를 지도하는 교수에게 질문하였다. "왜 교수님은 다른 교수님들이 하시는 것처럼 수업시간마다 기도를 하지 않습니까?" 그때 교수가 대답하기를 "형제여, 만일 당신의 전 생애가 기도의 삶이 아니라면 그때 당신은 처음부터 이곳에 있을 필요가 없지 않는가!" 그의 모든 생애가 기도에 헌신되어졌다는 함축적인 주장의 오만한 점을 제외하고 이 교수의 외적 세계의 활동과 생각에 대한 강조점은 고독과 더불어 싸우는 기도생활을 철저히 배제하고 있다.[88]

케네스 리치(Kennth Leech)는 우리의 기도 생활에서 기도환경의 중요성을 지적하면서, "기도는 정해진 매일의 집중된 시간에 기반을 두지 않고는 생존하기가 어려운 것 같다. 또한 많은 사람들에게는 기도의 육성을 위해 따로 구별된 장소가 확보되지 않고는 기도생활의 시작이 불가능할지 모른다."라고 지적했다.[89] 특별히 현대 목회자들과 신학자들은 삶이 기도라고 여기면서 하나님과 규칙적인 대화를 이차적인 것으로 여겨서는 안 된다. 진정한 신학과 교회의 성장은 기도 없이 성취될 수 없다. 예수님이 교회는 만민이 기도하는 집이라고 말한 것의 의미를 되새길 필요가 있다. 존 커리드(John Currid)는 출애굽기 32장과 모세의 중보기도를 해설하고 적용하면서 다음과 같이 기술하였다.

> 웨스트민스터 신앙고백서(1645)는 목사직의 여덟 가지 기본적인 임무를 열거한다. 그중에 첫 번째 의무가 중보기도 문제를 다루고 있다는 것은 매우 중요하다. "첫째, 하나님에 대한 백성의 입으로서 자신의 양떼를 위해 그리고 더불어 기도하는 것은 그의 직분에 속한다. 사도행전 6장 2절-4절과 20장 36절에서 설교와 기도는 동일한 직분의 여러 가지 부분으로서 연결되어 있다. 장로, 즉 목사의 직분은 사적으로라도 병든 자를 위해 기도하는 것이다. 이런 기도에 축복이 특별하게 약속되어 있다. 그러므로 더욱이 목사는 자신의 직분의 일부분으로서 그의 직분의 공적인 수행에서 이것을 실행해야 한다. 목사 그리고 다스리는 장로들에게 자신의 양떼를 위해서 기도하는 것보다 더 커다란 일은 없다. 불행하게도 교단들, 신학교들, 개별적인 교회들은 이 주제에 대해서 관심을 거의 전적으로 보이지 않고 있다. 그리고 많은 목사는 중보기도를 근본적인 것으로 여기기보다는 부수적인 것으로 여기는

것 같다.90)

중보기도는 성경과 교회 역사에서도 중요한 사역이었다. 성도를 위한 중보기도는 목사의 핵심적인 사역이기도 하다. 성경에 보면 영적 지도자들은 모두 중보기도의 사람들이었다.

중보기도 사역의 유형

교회는 만민을 위해 기도하는 집이기에 모든 성도가 중보기도를 해야 하지만, 특별히 기도의 은사가 있는 성도들로 하여금 중보기도 사역을 감당하게 하는 것이 좋다. 4세기에 사역하였던 교부 존 크리소스톰은 로마서 주석에서 은사에 대해서 설명하면서 "기도에도 역시 은사가 있다. 기도의 은사를 받은 사람이란 모든 사람을 위해 기도하는 자다."라고 하였다.91) 피터 와그너는 중보기도의 은사를 받은 사람들은 다음의 특징들을 가지고 있다고 생각했다.

- 오래 기도한다. 최소한 하루에 한 시간 이상씩 기도하고, 많은 경우에 하루에 2시간에서 5시간까지 매일 기도한다.

- 훨씬 더 강도 있게 기도한다.

- 기도를 즐기고 개인기도 시간을 만족해 한다.

- 기도 응답이 많고 또 극적인 편이다.

- 하나님의 음성을 정확하게 듣고, 많은 경우 예언의 은사를 함께 가지고 있다.92)

   피터 와그너의 견해를 중보기도 은사를 판단하는 보편적인 기준으로 삼기에는 무리가 있다. 왜냐하면 중보기도의 은사를 받은 사람은 영혼을 사랑하는 마음이 있기 때문이다. 중보기도의 은사를 받은 사람은 긍휼의 마음이 다른 사람에 비해 더 충만하다. 하지만 와그너의 견해는 중보기도 은사를 식별하는 데 중요한 참고 자료가 될 수 있다. 기도하는 시간을 즐겁게 여기는 것은 분명 기도의 은사의 한 특징이기 때문이다.

   와그너는 중보기도 사역의 유형을 일반 중보 사역, 위기 중보 사역, 개인 중보 사역, 전투 중보 사역으로 구분하였다.93)

   일반 중보 사역자는 교회의 여러 가지 기도제목을 가지고 기도하는 사람들이다. 보편적으로 일반 중보기도 사역자들은 주중에 시간을 내어 기도한다.

   위기 중보 사역자들은 하나님의 음성에 민감하게 귀를 기울이는 사역자들이다. 이 중보 사역자들은 경배와 찬양을 통해 하나님께 가까이 있으면서 기도하는 것이 보통이다.

개인 중보 사역자는 특정한 사람을 위해서 규칙적으로 강도 있게 기도하는 소명을 받은 사람들이다. 이러한 중보기도를 받는 사람들의 대부분은 목회자와 영적 지도자들이다.

전투 중보 사역자들은 영적 전쟁을 위하여 부름 받은 사역자들이다. 그들은 악한 영의 특성과 유혹에 대해 민감함을 가지고 영적 전쟁 상태에서 기도하는 사람들이다.

와그너의 중보기도 사역의 구분은 지나치게 교회 내의 문제와 영적 전쟁에 초점이 맞추어져 있다고 할 수 있다. 때문에 교회의 중보기도 사역을 이웃을 위한 중보기도 사역, 고난 중에 있는 사람들을 위한 중보기도 사역, 성도들의 가정을 위한 중보기도 사역, 교회 학교의 학생들을 위한 중보기도 사역, 영적 지도자를 위한 중보기도 사역 등으로 구분하여 실천하는 것도 좋을 수 있다.

Special Lecture 15

중보기도와 영적 전쟁
Intercession Prayer and Spiritual Warfare

중보기도자는 악한 영의 정체를 알아야 한다

인간의 정신적인 질환과 악한 영의 역사가 비슷하게 나타나는 부분이 없지 않지만, 겹치는 부분을 똑같은 것으로 여겨서는 안 된다. 악한 영의 역사는 존재론적 현상이지만 인간의 정신질환은 기능론적 현상이다. 다시 설명하면, 인간의 정신질환은 인간의 정신적 기능에 문제가 발생하여 나타나는 현상이지만 악한 영은 하나의 영적 존재로서 인간의 정신의 기능적인 문제와는 거의 상관없이 인간을 유혹하고 공격한다. 성경은 이 세상에서의 악한 영의 존재와 영향력을 분명히 말하고 있다. 악한 영의 영향력은 하나님의 나라에 공존하고 있으며, 이 세상이 끝날 때까지 계속된다고 말한다(계 20:7-21:8 참조). 악한 영들은 불신자들이 예수 그리스도와 개인적 관계를 맺지 못하게 방해하거나, 그리스도인들을 무기력하게 만들려고 한다.94) 실제로 우리의 많은 문제들이 이 영적 문제와 직·간접적으로 관련되어 있기 때문에 기독교인들과 목회자, 기독교 상담자들은 이러한 문제에 대한 바르고 민감한 이해를 가지고 있어야 한다.

성경은 여러 곳에서 악한 영이 인간의 몸과 마음을 상하게 하는 경우들을 기록하고 있다. 무구한 욥이 악한 영에 의해 몸에 질병을 얻었다. 바빌론의 느부갓네살 왕, 사울 왕, 거라사 광인 등과 같은 사람들은 악한 영의 영향을 받았다. 악한 영은 하나님의 최대의 적이며 사악한 영적 군대의 지휘자이다.

성경은 악한 영의 이름들을 언급하고 있다. 참소하는 자(계 12:10), 광명의 천사(고후 11:14), 파괴자(계 9:11), 마귀(계 20:10, 성경에서 36회 사용됨), 용(계 12:7-9), 원수(마 13:39), 악한 자(엡 6:16), 거짓의 아비(요 8:44), 이 세상 신(고후 4:4), 계명성(사 14:12), 살인한 자(요 8:44), 이 세상 임금(요 12:31), 공중의 권세 잡은 자(엡 2:1-2), 사단(마 4:10), 뱀(계 20:2), 시험하는 자(마 4:3), 귀신(마 7:22, 62회 사용됨) 등이다.

성경은 악한 영의 간사하고 교묘한 특성에 대해서 기록하고 있다. 악한 영은 사람의 몸이나 동물에 직접 침입할 수 있다(눅 8:26-39).

악한 영은 지, 정, 의를 가진 영적 존재이고(행 16:16-18, 19:15), 초자연적인 능력을 가지고 있다(마 12:29; 막 5:4; 눅 8:29; 행 19:13-16). 또 악한 영은 더럽고 악하며 거짓을 말하며(마 12:42; 막 1:27, 3:11; 눅 4:36; 행 8:7; 계 16:13), 숨어 있기를 좋아하고 사람들이 그의 존재와 영향력을 모르기를 원한다(고후 10:4-5). 인간의 정신을 혼란스럽게 하고, 협박하며, 의지를 약하게 하고, 그의 궤계가 드러나면 우리를 공격한다. 악한 영은 속임수로 행하며(요 8:44; 고후 4:4), 거부, 유혹, 정죄 등을 받는다는 생각과 감정을 심고 하나님의 자녀들을 참소한다(계 12:10). 또 소모적인 생각, 충동적 행동, 공포심, 중독 등을 틈타 인간을 공격하며, 인간의 죄를 통하여 허락된 곳이나 감정적 상처로 약해진 곳을 공격한다(엡 4:26-27). 그 뿐 아니라 관계를 깨뜨리고자 애쓰며, 중상과 모략, 질투와 시기를 이용하고(갈 5:19-21), 세상의 권세, 능력, 지위, 물질 등으로 유혹한다(마 4:1-11). 때로 인간을 완전히 제어하거나 점령하기도 한다(막 5:15, 9:25; 눅 11:14).

성경은 악한 영의 놀랍고 파괴적인 특성에 대해서도 말하지만 약점과 한계에 대해서도 말하고 있다. 사단의 능력은 하나님보다 약하며(요일 4:4), 무소부재하지 않다(욥 1:7). 사단의 지혜 또는 간교는 부패하여 하나님을 능가하지 못한다(겔 28:17). 그리고 사단은 하나님의 허락 없이는 믿는 자들에게 고난을 줄 수 없다(욥 1:12). 사단은 대적할 때 견디지 못하고(약 4:7), 그리스도의 보혈을 증오한다(계 12:11).

중보기도자는 그리스도가 악한 영보다 강하다는 것도 알아야 한다

성경은 진정한 믿음을 가진 그리스도인은 악한 영에게 유혹을 받고 어려움을 당할 수는 있지만, 완전히 사로잡히지는 않는다고 말한다. 그리스도인은 악한 영의 권세로부터 구출되어 빛의 나라로 옮겨졌기 때문이다(골 1:13). 성경은 그리스도의 십자가의 죽으심과 육체의 부활로 인하여 악한 영의 상태가 다음과 같이 되었다고 묘사하고 있다.

- 사단은 결박된다(막 3:27; 눅 11:20; 계 20장).
- 사단의 권세는 제한되고 억제된다(살후 2:2 이하).
- 사단은 신자들에게는 전혀 힘을 쓸 수 없게 되었다(히 2:14).
- 사단은 실패하고 힘이 없으며 멸망하게 된다(골 2:14; 계 12:7 이하; 막 3:27).

- 사단은 타락했으며 아래로 떨어졌다(눅 10:18, 계 12:9).
- 사단은 그리스도인들에게 권위를 잃었다(골 1:13).
- 사단은 그리스도인들을 만질 수 없다(요일 5:18).
- 사단은 그리스도인의 증거에 패한다(계 12:11).
- 사단과 그의 노예들은 쫓겨났으며 그리스도인들의 권위에 복종 당했고, 패배되었으며, 쇠사슬에 묶였다(마 10-12장; 막 1:27, 6:7; 눅 9:1, 10:19; 요일 4:4; 유 6; 계 12:9).

그럼에도 그리스도를 영접하지 않은 사람들을 향한 악한 영의 권세는 아직도 여전히 남아 있다. 때문에 악한 영은 그의 올무로 그리스도를 모르는 사람들을 사로잡을 수 있다(딤후 2:26). 하지만 악한 영은 믿는 자들을 더 이상 사로잡을 수 없다. 하나님의 은혜로 그리스도인들은 악한 영을 이길 수 있다(롬 12:21). 그리스도인은 악한 영에게 고난은 당할 수 있지만 사로잡힐 수는 없다고 보는 것이 성경적이라고 할 수 있다. 제이 아담스(Jay E. Adams)는 "그리스도인의 삶에서도 귀신에 사로잡히거나 놀림을 받을 수 있다고 생각하는 것은 성경적인 근거가 없다. 하나님의 참된 자녀 안에 거하시는 성령과 더러운 영이 동시에 존재한다는 것은 불가능하다. 이것은 마가복음 3장 2-30절에 언급된 두 가지의 완전한 대조에서 분명히 나타난다. 여기에서 또한 예수님은 성령의 사역을 마귀에게 돌리는 태도는 용서받을 수 없는 참람함이라고 경고하신다"(막 3:30)라고 하였다.[95]

중보기도자는 악한 영은 대적해야 한다

중보기도 사역자는 악한 영이 없는 것처럼 여기거나 지적으로만 믿어서는 안 된다. 악한 영은 지금도 우리를 유혹하고 공격한다는 것을 알아야 한다. 중보기도 사역자는 악한 영의 역사가 드러나면 단호하게 대처해야 하고 대적해야 한다. 왜냐하면 하나님은 "마귀를 대적하라 그리하면 너희를 피하리라"(약 4:7)라고 하였기 때문이다. 악한 영을 대적하는 데는 원칙이 있다. "영적 전쟁은 먼저 기도로 이기고 그 다음에 행동으로 실천되어야 한다."[96]

중보기도 사역자는 악한 영이 인간의 가장 취약한 차원인 감정의 상처를 이용해서 인간을 공격한다는 것을 알아야 한다. 악한 영은 부정적인 감정에 매달리도록 유혹한다. 왜냐하면 부정적인 감정은 쉽게 죄로 연결되고, 파괴적인 결과를 낳게 하며, 하나님의 뜻을 거스리는 중요한 차원이기 때문이다. 그러므로 중보기도 사역자는 악한 영의 특성을 알고 유혹에 넘어가지 않도록 부정적인 감정에 사로잡히는 것을 주의해야 한다. 중보기도 사역자는 "분을 내어도 죄를 짓지 말고 해가 지도록 분을 품지 말고 마귀로 틈을 타지 못하게 하라"(엡 4:26-27)는 말씀을 항상 마음에 간직해야 한다.

악한 영은 하나님의 자녀들에게 정죄와 거부 등을 받는다는 생각과 감정을 심어서 참소한다는 것을 알아야 한다(계 12:10). 악한 영은 우리의 마음에 이러한 부정적인 생각과 감정이 일어나도록 한다. 물론 우리의 모든 부정적인 생각과 감정이 악한 영의 역사는 아니다. 우리의 상처와 욕구 불만족과 같은 경험에서 발생하는 경우도 많기 때문이다. 그러나 우리의 부정적이고 파괴적인 생각과 감정이 모두 우리의 마음속에서 일어나는 것은 아니다. 중보기도 사역자는 특히 하나님의 말씀에 거스르는 생각과 파괴적인 감정은 악한 영의 역사일 수 있으므로 싸워야 한다. 하지만 자신의 어떤 생각과 감정이 자신의 마음으로부터 온 것인지, 아니면 악한 영으로부터 일어난 것인지 혼동이 될 때는 쉽게 판단하지 말고 시간을 가지고 생각하며 기도해야 한다.

중보기도 사역자는 악한 영의 중요한 특성 중의 하나가 관계를 깨뜨리는 특징이 있다는 것을 알아야 한다. 하나님은 우리를 관계적 존재로 창조하셨기 때문에 하나님의 영은 우리를 건강한 관계로 인도하지만, 악한 영은 우리의 관계를 깨뜨리려고 한다. 악한 영은 우리의 관계를 깨뜨리기 위해 중상과 모략과 질투와 시기를 이용한다. 모든 인간은 예외 없이 이러한 현상에서 완전히 자유할 수는 없지만 이러한 현상이 관계에 손상을 줄 정도로 치명적일 때는 악한 영의 역사일 수 있다. 중보기도 사역자는 악한 영에게 더 많은 공격을 받을 수 있기 때문에 관계를 깨뜨리는 현상이 심화될 때는 하나님의 영과 함께 민감하게 대처해야 한다.

중보기도자는 잘못된 영적 공식을 주의해야 한다

신약의 요한복음에는 공관복음서와는 한 가지 다른 특징이 있다. 사복음서 중에 요한복음에만 '귀신들린 자'의 이야기가 단 한 번도 등장하지 않는다. 유대인들이 예수님을 가리켜 귀신들렸다고 모함한 사건을 제외하고는, 세 복음서에 빈번하게 등장하는 귀신 이야기가 요한복음에는 단 한 번도 나타나지 않는다. 공관복음에는 예수님이 귀신을 쫓아내셨다는 기사가 무려 30여 차례나 기록되어 있다. 그럼에도 가장 늦게 쓰인 요한복음은 예수님께서 소경의 눈을 뜨게 하시고, 38년 동안이나 누워 있던 중환자를 일으키시며, 죽은 나사로를 살리신 기사와 표적은 모두 언급하면서, 예수님이 귀신을 쫓아내신 일에 대해서는 철저하게 침묵하고 있다.

　요한이 요한복음에서 악한 영의 역사를 기록하지 않은 이유를 단순하게 결론지을 수는 없지만 기록할 당시에 귀신의 역사가 없었기 때문이 아니라 반대로 당시에 적지 않은 사람들이 복음의 논리보다는 귀신의 논리에 더 빠져있었기 때문이라고 짐작할 수 있다. 사람들은 이해할 수 없는 것과 뜻대로 되지 않는 것은 모두 귀신의 탓으로 돌렸기 때문으로 유추해 볼 수도 있다. 조금만 이상한 일이 생겨도 귀신들림으로 이해하려는 편견이 있었을 것이다. 실제로 예수님 시대에 유대사회는 가난하게 사는 것도 병에 걸리는 것도 모두 죄 때문이라는 잘못된 영적 공식이 만연했다. 유대사회에는 어떤 잘못된 일이 일어나면 불순종과 거짓의 아비인 악한 영 때문이라는 잘못된 영적 공식이 있었다고 할 수 있다. 중보기도 사역자는 악한 영을 대적할 뿐 아니라 분별력도 있어야 한다.

중보기도자는 편견의 위험성을 주의해야 한다

　영적 전쟁 가운데 있는 사람을 위해 중보기도할 때, 특별히 악한 영을 쫓아낼 때는 예수님께서 주신 권세를 가지고 믿음으로 자신감을 갖고 담대하게 명령기도 또는 대적기도를 해야 한다. 그러나 이때 주의할 것은 절대로 기도를 받는 사람이 수치심을 느끼게 해서는 안 된다. 영적 전쟁 가운데 있는 사람에게서 악한 세력을 쫓아내는 명령기도를 할 때 사람들의 구경거리가 되게 해서는 안 된다. 이런 사람을 위한 선포기도 또는 명령기도는 많은 사람이 모인 가운데에서 함부로 해서는 안 된다. 꼭 필요한 경우가 아니고는 대중 앞에서 하는 것은 좋지 않다.

귀신들림과 정신질환을 구별하는 것은 매우 어렵고 혼란을 초래할 수 있는 문제이다. 정신질환을 귀신들림으로 잘못 이해하고 규정할 때 당사자에게 매우 큰 상처를 줄 수 있고, 정신질환의 현상을 사단에게 책임을 전가시키는 결과를 초래할 수 있기 때문이다.

우리가 잘못 진단을 함으로써 정신적으로 많은 아픔을 가지고 살아가는 사람을 치료하기보다는 말할 수 없는 큰 상처를 줄 수 있다. 다음 사례는 그리스도인들이 범하기 쉬운 실수와 그 결과가 얼마나 돌이킬 수 없는 비극을 초래할 수 있는지를 보여 주고 있다.

내가 사역을 행하던 중에 어떤 것보다도 나를 화나게 했던 사건들 중에 하나가 있는데, 그것은 내 생각에 분명히 정신분열증 환자로 진단이 내려진 어떤 사람과 상담을 하고 있었던 때에 일어났다. 그는 정신 병원의 외래환자였는데, 정기적인 치료와 심방, 기도, 사랑 어린 도움 등으로 점차 완쾌되고 있던 사람이었다. 그러던 중에 그는 그 도시에 새로 부임한 목회자에게 가서 상담을 하였다. 그 목회자는 그 환자에게서 15분 정도 이야기를 듣고 나서 그가 귀신들렸다고 단언하고는 '귀신 쫓기'를 시작하였다. 그 결과 이 환자는 전보다 더 악화되었다. 나는 지금도 그 사실을 생각하면 나 자신도 믿을 수 없을 만큼 화가 난다. 이런 것은 전적으로 독단이라는 것은 두말할 필요가 없으며, 그는 불확실한 많은 편견을 근거로 상담하다가 우연히 자기의 전제를 뒷받침하는 어떤 상황을 발견하고는 그 사실을 확신하게 되면서 무책임하게 그 환자를 이전보다 더 심해지도록 만들었던 것이다. 다행히 그 가련한 환자는 사람들에게 발견된 후 완치될 수 있었다. 몇 년 전에 분명히 정신병자인 사람이 귀신 들렸다는 판단을 받고 '귀신 쫓기' 의식을 행한 직후, 집에 돌아가 자기 아내를 잔인하게 살해한 끔찍한 사건도 있었다.[97]

우리는 귀신들림과 정신질환을 혼동해서는 안 된다. 만약에 우리가 정신질환을 겪으며 고통당하는 사람을 귀신들린 사람으로 잘못 이해하고 그 사람을 대한다면 그는 이중의 고통을 당하고 마음의 큰 상처를 입을 수 있다. 그러므로 우리는 영적 분별력이 있어야 하고, 자신의 판단에 확신이 서지 않을 때에는 전문가의 도움을 받거나 전문가에게 보내야 한다. "이런 문제에 대해 익숙하지 못하거나 지식이 없을 때는 전문가의 도움을 받아야 하며 그렇지 않고 마음대로 추정해서는 안 된다. 의사라는 직업도 하나님이 주신 놀라운 은사이다."[98]

어떤 사람이 귀신들렸음이 분명할 때는 우리는 믿음을 가지고 담대하게 명령기도 또는 대적기도를 해야 한다. 주님의 능력이 마귀의 권세보다 강하다는 확신을 가지고 두려움 없이 기도해야 한다. 하지만 귀신을 쫓아내는 명령기도가 불가피하다고 여겨질 때는 다음과 같은 몇 가지를 주의하면서 해야 한다.[99] 첫째, 귀신들린 징후가 있다 할지라도 그것이 지속될 때까지 기다려야 한다. 둘째, 그 과정에 공식적인 자백은 반드시 포함되어야 한다. 셋째, 귀신이 나간 후 "나중 상태가 처음 상태보다 더 나빠지는 경우"가 있다는 예수님의 말씀을 진지하게 기억하고 있어야 한다. 넷째, 귀신이 쫓겨나간 사람에게는 그 후에도 많은 지원과 보호가 필요하다. 최소한 몇 주 동안 기도와 돌봄을 통해 그를 지지해 줄 가정이나 공동체가 필요다.

중보기도자는 악한 영의 역사와 질병을 분별해야 한다

프랜시스 맥너트(Francis MacNutt)는 치유라는 자신의 연구에서 질병의 네 가지 기본적인 종류에 대해서 설명하였다. 개인적인 죄 때문에 생기는 영의 질병, 과거의 정서적인 상처와 손상 때문에 생기는 정서적 질병, 질환이나 사건 때문에 생기는 육체적 질병, 그리고 앞의 세 가지 질병 때문에 생기는 악마적인 압박감이다. 맥너트는 이러한 네 가지 유형의 질병에 상응하는 기본적인 기도방법으로 회개를 위한 기도, 내면세계의 치유를 위한 기도, 신체적 치유를 위한 기도, 구원을 위한 기도로 나누었다. 그리고 이 욕구를 해소해 줄 수 있는 성례전인 의례도 있다고 하였다. 참회를 통한 회개와 내면세계의 치유, 기름부음을 통한 신체적 치유 그리고 귀신축출을 통한 구원이다.[100]

멕너트는 질병에 맞는 기도를 위해서 보다 더 구체적으로 세분화하여 제시한다. 영과 관련된 질병은 종종 정서적인 질병을 가져다주기도 하고 육체적인 질병을 가져다준다.

질병의 원인은 개인적인 죄이고, 효과적인 기도는 회개이다.

기도하면서 개인의 죄를 인정하고, 죄를 실토하고, 상처를 준 사람들로부터 용서를 구하면서 기도할 때 더 효과적이다. 질병의 원인은 관계 속에서 받은 상처 때문에 주로 발생하기 때문에 효과적인 기도는 내면세계의 치유를 위한 기도이다. 정서적인 질병을 위해서는 상담과 기도가 병행될 때 더 효과적이다. 육체와 관련되는 질병은 종종 정서적인 질병이 가져다주기도 하고 영적인 무력감을 가져다주기도 한다.

질병의 원인은 질병과 사고와 심리적인 스트레스이다. 이 질병에서 유익한 기도는 육체적인 치유를 위한 믿음의 기도이다. 이 질병은 의학적인 돌봄과 규칙적인 식사와 알맞은 운동과 함께 기도하는 것이 바람직하다. 상황에 따라 악한 영이 위의 질병 또는 모든 질병의 원인이 될 수 있다. 악한 영에 의한 질병은 악한 영 축출 기도만이 효과적이다. 이 질병은 인간적인 처방은 효과가 없다.[101]

Special Lecture 16

중보기도와 예수기도
Intercession Prayer and Jesus Prayer

호흡기도로서 예수기도

예수기도(Jesus prayer)는 내 안에 예수님이 내가 예수님 안에 거하는 기도이다. 즉, 우리가 호흡할 때마다 예수님의 이름을 상기하고, 우리의 삶 속에서 예수님을 우리의 생각과 기억 속으로 모셔 들이고, 우리 자신을 예수님의 기억 속으로 끌고 들어가는 것이다. 예수기도는 하나님의 현존을 의식하며 살아가기를 소망하는 기도이다.

단순히 예수님의 이름이 중요한 것이 아니다. 중요한 것은 예수님의 현존이다. 예수님의 이름을 부르는 것은 사회로부터 도피와 단지 마음의 평안을 찾으려는 영적 아편과는 다르다. 예수님의 이름을 호흡과 함께 부르는 것은 예수님이야말로 우리의 숨이요, 우리의 호흡이요, 우리의 생명이라는 것을 고백하는 것이다.

예수기도는 본래 동방 교회의 수도자들에 의해 행해진 기도 방법이다. 4세기 이집트 수도자들은 성경의 짧은 구절들을 반복 암송하였고, 사막 교부들은 손노동을 하면서 "하나님 저를 불쌍히 여기소서"(시 50:1)와 같은 구절을 끊임없이 암송하는 기도 방법을 사용했다.[102] 그 후 예수기도는 호흡기도(respiratory prayer)라고 칭해지기도 했다. 예수기도가 구체적인 호흡법에 따라 행해졌기 때문이다. 호흡기도는 생명을 유지하기 위해 호흡을 지속적으로 해야 하는 것처럼 정기적이고 지속적인 기도를 말한다. 예를 들면, 숨을 들어 마시면서 "주여!" 하고, 숨을 내시면서 "나를 불쌍히 여기소서" 하는 방법이다. 예수기도가 호흡법과 관련된 기록은 13세기 그리스 전통에서 발견되지만, 널리 알려지게 된 것은 14세기 시나이 그레고리오에 의해서다.[103] 예수기도는 19세기 러시아의 한 평신도가 "쉬지 말고 기도하라"(살전 5:17)는 말씀을 실천하기 위한 방법을 연구하다가 쓴 『이름 없는 순례자』에 의해 정교회 안에서 대중화되었다. 예수기도는 원래 수도원 안에서만 행해졌던 기도이지만 점차 일반 신자들에게까지 전파되어, 카톨릭, 정교회, 성공회, 개신교의 그리스도인들에 의해서까지 행해지는 기도가 되었다.

예수기도는 일상의 삶 속에서 신앙적이고 영적 삶을 꽃 피웠던 켈트 기독교 전통에서도 발견된다.104) 켈트 그리스도인들은 모든 삶의 일상적인 활동에서도 하나님을 인정하는 기도가 생활화 되었다. 그들의 전통에서는 불을 피우고, 잠자리를 준비하고, 바느질, 농장일, 요리 등을 하면서 행했던 예수기도와 같은 짧은 기도문을 풍부하게 가지고 있다. 그들의 간단한 기도들은 일상의 행위 속에서 영적인 의미를 찾게 해 주었다. 이러한 그들의 영적 삶과 기도는 모든 일상의 삶을 성찬식만큼이나 신성한 의미를 지니게 했다.

치유기도로서 예수기도

예수기도는 성경에 뿌리를 두고 있다. 여리고 근처 길가에 앉아 있던 두 소경이 "주여 우리를 불쌍히 여기소서"(마 20:30)와 세리가 성전에 올라가 기도할 때 "하나님이여 불쌍히 여기소서 나는 죄인이로소이다"(눅 18:13) 등이다. 예수기도의 기원은 신약성경뿐만 아니라 구약성경에까지 거슬러 올라간다. "그들이 내 이름을 부르리니 내가 들을 것이며 나는 말하기를 이는 내 백성이라 할 것이요 그들은 말하기를 여호와는 내 하나님이시라 하리라" (슥 13:9). 일 년에 한 번 속죄일에 예루살렘 성전의 지성소에 선발된 대사제가 산 제물을 바치기 위해 하나님의 이름을 선포하였다.

신약성경에서는 예수님의 이름을 선포함으로써 생기는 힘과 능력에 대해 말한다. "하나님이 그를 지극히 높여 모든 이름 위에 뛰어난 이름을 주사 하늘에 있는 자들과 땅에 있는 자들과 땅 아래 있는 자들로 모든 무릎을 예수의 이름에 꿇게 하시고 모든 입으로 예수 그리스도를 주라 시인하여 하나님 아버지께 영광을 돌리게 하셨느니라"(빌 2:9-11). 예수기도는 영적 권세를 가진 예수님의 이름을 부르는 기도이며, 하나님의 권세와 영광을 선포하는 기도이다. 또 예수님의 이름과 현존을 선포하는 것이다. 우리에게 주신 예수님의 이름을 선포함으로써 우리는 그의 영광의 풍성함을 체험해야 한다.

> 이러므로 내가 하늘과 땅에 있는 각 족속에게 이름을 주신 아버지 앞에 무릎을 꿇고 비노니 그의 영광의 풍성함을 따라 그의 성령으로 말미암아 너희 속사람을 능력으로 강건하게 하시오며 믿음으로 말미암아 그리스도께서 너희 마음에 계시게 하시옵고 너희가 사랑 가운데서

뿌리가 박히고 터가 굳어져서 능히 모든 성도와 함께 지식에 넘치는 그리스도의 사랑을 알고 그 너비와 길이와 높이와 깊이가 어떠함을 깨달아 하나님의 모든 충만하신 것으로 너희에게 충만하게 하시기를 구하노라 우리 가운데서 역사하시는 능력대로 우리가 구하거나 생각하는 모든 것에 더 넘치도록 능히 하실 이에게 교회 안에서와 그리스도 예수 안에서 영광이 대대로 영원무궁하기를 원하노라 아멘(엡 3: 14-21).

예수님은 우리의 마음속에서 현존하시기를 원하신다. 마음으로부터 "주 예수여, 불쌍히 여기소서."라고 부르짖으면 예수님의 약속의 말씀을 체험하게 된다. 즉, "볼지어다 내가 문 밖에 서서 두드리노니 누구든지 내 음성을 듣고 문을 열면 내가 그에게로 들어가 그와 더불어 먹고 그는 나와 더불어 먹으리라"(계 3:20).

예수님의 이름을 부르는 것은 미신적이고 마술적인 것이 아니다. 히브리어로 예수는 구세주란 뜻이다. 구세주라는 의미는 '치유하시는 주님'이다. 충만한 생명을 가지고 그 충만한 생명을 인간에게 나누어주시는 분이란 뜻이다. 때문에 예수님의 이름을 부르는 것은 충만한 생명을 소망하는 것이다. 예수기도는 노상에서 울고 있던 두 사람의 맹인과 같이 "다윗의 자손이여 우리를 불쌍히 여기소서"(마 9:27)하며 진정한 하나님이시고 진정한 인간이신 예수 그리스도께 소리를 높여 자비를 구하는 것이다. 치유를 구하는 기도이다. 또한 예수님의 이름과 그 능력을 힘입어 자신의 죄와 사회의 죄를 토해내는 기도이다.

공동체적 기도로서 예수기도

예수기도는 단순히 예수님의 이름을 암송하는 것이 아니라 "주여 우리를 깨끗이 씻어 주소서. 주여 우리를 불쌍히 여기소서." 하고 자비를 청하며 공동체의 치유를 구하는 기도이다. 예수기도는 한 개인만을 위한 기도가 아니라 공동체를 위해 자비를 구하는 것이다. 하나님은 개인만이 아니라 인류의 죄와 공동체적 죄를 용서해 주시는 사랑의 하나님이시다. 예수기도는 하나님 없는 자기내성을 극복하기 위한 기도일 뿐만 아니라 "아바, 아버지여, 주여 죄인인 나를 그리고 우리를 불쌍히 여기소서."라고 구하는 것이다.

예수기도는 개인뿐만 아니라 공동체가 예수님의 마음으로 가득하기를 소망하는 기도이다. 예수기도는 마음으로부터 예수님의 부활의 생명으로 형제의 눈물과 고통에 참여하는 것이다. 즉, 세계 각지에 가서 병든 사람의 상처를 치유하거나 돕는 일은

할 수 없지만 예수기도는 마음으로 예수님의 치유사역에 참여하는 것이다. 예수기도는 세계에 예수님의 이름을 선포하고 예수님이 이 세계에 현존하고 계심을 드러내는 기도이다. 그렇기 때문에 중보기도 사역자들에게 중요한 의미를 주는 기도라고 할 수 있다.

기독교 초기부터 예수님의 이름은 치유뿐만 아니라 악을 이기는 승리의 수단으로 사용되어 왔다. 존 클리마쿠스(John Climacus)는 그의 제자들에게 예수님의 이름을 사용하는 기도를 하라고 조언한다. "예수님의 이름으로 여러분의 적을 패배시키십시오. 하늘에서나 땅에서나 예수님의 이름보다 더 강력한 무기는 없기 때문입니다."[105]

예수기도의 실천

예수기도는 여러 형식이 있다. 그중에서 가장 널리 사용되는 방법은 "주 예수 그리스시여! 하나님의 아들이여! 이 죄인에게 자비를 베푸소서!" "주 예수여! 저에게 은혜를 베푸소서!" 등이다. 예수기도는 두 부분으로 이루어져 있다. "주 예수 그리스도여!" 하고 예수님의 이름을 부르는 호칭부분과 "우리에게 자비를 베푸소서!" 하고 자비를 구하는 청원부분으로 되어 있다. 예수기도의 특징은 단순하고, 짧은 기도를 반복하는 데 있으므로 어디서나 지속적으로 드릴 수 있는 기도이다. 단순히 거듭 암송하는 차원을 넘어서 몸과 마음과 생각을 넘어 영적 안정을 찾을 수 있는 좋은 기도 방법이다.

예수기도를 드리는 자세는, 먼저 예수님의 이름을 부르기 전에 마음속에 평화를 유지해야 한다. 단순한 마음으로 기도를 시작해야 한다. 열정적으로 크게 부르는 것보다 마음속으로 낮게 부르는 것이 좋다. 평안한 마음으로 침묵 속에서 마음을 모아서 부른다. 예수님의 이름을 부르며 실제적인 것을 청하는 기도를 함께할 수 있다. 기분에 치우치지 않고 성령의 도우심을 바라며 은혜를 사모하는 마음으로 드려야 한다. 예수님의 이름을 부르는 이 기도를 사랑하는 중에도 다른 형식의 기도를 무시하거나 거부하지 않도록 해야 한다.

예수기도는 일상생활 속에서 기도할 수 있는 좋은 방법이다. 어떤 사람들은 이런 식의 기도를 헛된 반복이나 주문으로 빠져버릴 위험이 있다고 하여 무시할 수도 있지만, 그 의미를 잘 알고 사용하면 일상의 삶 속에서 예수님께 마음을 집중할 수 있고 하나님의 임재를 의식하며 살 수 있게 해 주는 기도이다. 하지만 기도에 익숙하지 않은 사람은 예수님의 생애를 생각하며 기도하는 것도 좋다.

예수기도는 "진리가 너희를 자유롭게 하리라"(요 8:32)는 말씀을 붙드는 기도이다. 또 진정한 자기를 예수님 안에서 깨닫기 위한 기도이자 기도를 통해 어떤 것을 얻는 데 목적을 두기보다는 예수님의 마음을 담고자 하는 기도이다. 그 뿐만 아니라 예수님의 자비를 구하는 기도이다. "주여, 나를 불쌍히 여기소서." "주여, 우리를 불쌍히 여기소서."

Lectures for Intercession Prayer

Special Lecture 17
중보기도와 감사기도
Intercession Prayer and Thanksgiving Prayer

중보기도 사역자는 기도와 감사는 뗄 수 없는 관계에 있다는 것을 알아야 한다. 그 대표적인 예를 기도의 사람, 중보기도의 사람 바울을 통해 알 수 있다. 바울이 빌립보 감옥에서 쓴 빌립보서에 이 원리가 잘 나타나 있다.

빌립보 교회는 바울이 제2차 전도여행 중이었던 AD 약 49년경에 설립한 유럽 최초의 교회였다. 바울이 빌립보 교회를 세울 때 빌립보 시민들은 매우 큰 긍지와 자부심을 가지고 있었다. 이 도시 사람들은 당시 문화를 지배하고 있었던 헬라 역사를 지니고 있었을 뿐만 아니라, 로마 시민권의 특권을 가지고 있었기 때문이다.

그러나 빌립보 교회는 건강한 교회는 아니었다. 교회 안에서 서로 불신이 있었고, 서로 다투는 부녀들이 있었다. 게다가 사도 바울은 빌립보에서 두 가지의 어려운 형편에 처해 있었다. 하나는 사도 바울은 빌립보서를 기록할 때 자유로운 몸이 아니었다. 그의 몸은 매여 있는 상태였다. 바울은 네 차례나 계속적으로 투옥되었다. 다른 하나는 감옥보다 더 큰 고통이 그에게 있었다. 어떤 이들은 바울의 전도를 시기하였고(빌 1:15), 어떤 이들은 바울의 권면을 대적하였으며(1:28), 어떤 이들은 바울의 신앙을 멸시하였고(3:2, 4), 어떤 이들은 바울의 복음에 원수가 되었다 (3:18-19).

바울은 이러한 상황 속에서 빌립도 교회 성도들을 위하여 빌립보서를 기록하였다. 바울은 빌립보서 첫 단락에서 "내가 나의 하나님께 감사하노라"(빌 1:3)는 말로 시작한다. 빌립보서에서 인사에 해당하는 1장 1-2절을 제외한다면, 빌립보서의 첫 말은 "나는 감사하노라."이다. 사도 바울은 가장 먼저 감사를 말하고 있다.

우리는 사도 바울이 처해 있던 어려운 형편을 생각해 볼 때, 처음부터 감사의 말을 하는 것에 놀라움을 금하지 않을 수 없다. 바울은 말할 수 없는 혹독한 고통을 받고 있는 중에 빌립보서를 기록하였다. 첫 마디에 "나는 감사하노라"(빌 1:3)라고 외치고 있다. 그는 누구에게 감사하고 있는가? 사도 바울은 "하나님께"

감사한다고 말한다. 사도 바울은 자신이 누구를 바라보며 살고 있는지를 분명하게 알려 준다. 그는 하나님 앞에서 산 사람으로서 하나님을 "나의 하나님"이라고 부르고 있다. 바울은 빌립보서에서 "나의 하나님"에 대한 고백에서 시작하여(빌 1:3), "나의 하나님"에 대한 고백으로 빌립보서를 마치고 있다(빌 4:19).

사도 바울의 감사를 자세히 살펴보면 아주 특별한 특징이 있다. 그의 감사에는 간구가 동반된다는 사실이다. 빌립보서 1장 3절에 언급된 감사의 표현과 빌립보서 1장 4절에 언급된 기도의 표현은 두 개의 다른 상황을 나누어 설명하는 것이 아니다. 한 개의 같은 상황을 합하여 설명한다. 감사와 기도는 동반되는 것이지 분리되는 것이 아니다. 이러한 신앙은 사도 바울에게 자주 나타난다. "쉬지 말고 기도하라 범사에 감사하라 이는 그리스도 예수 안에서 너희를 향하신 하나님의 뜻이니라"(살전 5:17-18).

우리는 환경과 문제 때문에 기도하게 되는 경우가 많지만, 기도 할 때는 환경을 바라보고 기도하는 것이 아니라 하나님을 바라보고 기도해야 한다. 우리의 환경을 바라보면 불안하고 절망하게 되는 경우가 많으나 하나님을 바라보면 우리 안에서 선한 역사를 이루실 하나님을 믿는 믿음으로 나아갈 수 있기 때문에 감사하게 된다. 기도의 다른 이름은 감사라 할 수 있다. 왜냐하면 기도와 감사는 뗄 수 없는 관계에 있기 때문이다.

감사 없는 기도는 열매 없는 나무와 같다. 기도 없는 감사는 뿌리 없는 나무와 같다. 감사와 기도는 분리될 수 없는 관계이다. 때문에 기도의 사람은 감사가 충만한 사람이기도 하다.

바울은 빌립보 성도들을 위해 중보기도할 때 감사하며 기쁨으로 기도했다고 고백한다. "내가 너희를 생각할 때마다 나의 하나님께 감사하며 간구할 때마다 너희 무리를 위하여 기쁨으로 항상 간구함은"(빌 1:3-4)이라고 말한다. 왜냐하면 바울은 하나님의 신실하심을 확신했기 때문이다. 바울은 빌립보 교회에 착한 일을 시작하신 하나님이 그리스도 예수의 날까지 이루실 줄을 알기 때문에 빌립보 교회를 놓고 감사한다. 바울은 이렇게 말한다. "너희 속에 착한 일을 시작하신 이가 그리스도 예수의 날까지 이루실 줄을 우리가 확신하노라"(빌 1:6).

"세상에서 가장 지혜로운 사람은 배우는 사람이고, 세상에서 가장 행복한 사람은 감사하며 사는 사람이다." 탈무드에 나오는 말이다. 우리는 행복한 상황 때문에 행복하기보다는 감사하기 때문에 행복한 것이다. 왜냐하면 누구든지 행복한 상황에서는 쉽게 감사할 수 있다. 이런 감사는 누구나 쉽게 할 수 있기 때문에 어려운 상황에 직면하게 되면 감사지수도 낮아지게 된다. 하지만 범사에 감사하는 삶은 누구나 할 수 있는 것이 아니다. 범사에 감사하는 삶은 범사에 행복을 경험하게 된다.

캘리포니아대학교의 로버트 에먼스 교수와 마이클 메컬로프 교수는 '감사'가 사람의 몸과 정신에 어떤 영향을 주는지를 알아내기 위해 실험을 했다. 사람들을 선정하여 세 그룹으로 나누어 일주일 동안 관찰하였다. A그룹은 기분 나쁜 말과 행동에 집중하게 하고, B그룹은 감사를 드러내는 말과 행동에 집중하게 하고, C그룹은 일상적인 말과 행동에 집중하도록 했다.

그 결과, B그룹의 사람들이 행복감을 가장 많이 느꼈고, 자신의 삶을 긍정적으로 바라보게 되었으며, 심지어 두통이나 감기를 앓는 사람도 없었고 활동지수도 매우 높게 나왔다.

그 밖에도 두 교수가 1년에 걸쳐 진행한 감사에 대한 심층 분석에 의하면, 감사의 언행을 연습하는 사람들은 질투를 느끼거나 좌절을 겪는 일도 현저히 줄어들었다. 아울러 감사하는 사람들은 이웃을 돕고 배려하는 데도 적극적인 것으로 나타났으며, 가족관계도 좋아지고 신앙심도 더욱 깊어졌다. 감사하는 삶이 생활화된 사람은 감사하지 않는 사람들보다 10년을 더 장수한다는 것은 의학 분야에서도 검증된 사실이다.

감사의 마음은 기도하는 사람의 가장 중요한 특징일 뿐만 아니라 가장 중요한 자세이다. "아무것도 염려하지 말고 다만 모든 일에 기도와 간구로 너희 구할 것을 감사함으로 하나님께 아뢰라 그리하면 모든 지각에 뛰어난 하나님의 평강이 그리스도 예수 안에서 너희 마음과 생각을 지키시리라"(빌 4:4-6). 베네딕트 수도사인 데이비드 슈타인들 라스트(David Steindle-Rast)는 "감사는 우리 안에 있는 성삼위 하나님을 경험하는 한 가지 방식이다"[106]라고 하였다.

Special Lecture 18

중보기도와 축복기도

Intercession Prayer and Blessing Prayer

중보기도 사역자는 축복기도의 중요성을 알아야 한다. 중보기도 사역자가 소유해야 할 가장 중요한 언어는 축복의 언어이다. 중보기도 사역자에게 이 언어보다 소중하고 아름다운 언어는 없다. 축복의 언어는 사람을 변화시키고 사람을 살리는 언어일 뿐만 아니라 하나님의 명령의 언어이기도 하다. 민수기 6장 27절에 "그들을 이같이 내 이름으로 이스라엘 자손에게 축복할지니 내가 그들에게 복을 주리라."라고 하였다. 이 말씀은 가장 존귀하신 하나님의 약속의 말씀이다. 실언치 아니하시고 신실하신 하나님의 약속의 말씀이다. "내 이름으로 축복하면 내가 그들에게 복을 주리라." 그러므로 중보기도 사역자는 기도할 때 축복하면서 기도해야 한다.

성경에 보면 하나님은 복의 하나님이다. 물론 하나님은 사랑의 하나님이요 공의의 하나님이시다. 성경에 수많은 언어들이 있지만, '복 있는', '복 받을', '복 주며', '복 주실', '축복하라', '축복하시고' 등 복과 관련된 구절들이 오백 번 이상이나 등장한다. 이는 '거듭남'에 관한 가르침보다 더 많이 다루어지는 주제이다.

하나님이 사람을 창조하신 후에 제일 먼저 하신 것도 복을 베푸신 일이었다. "하나님이 자기 형상 곧 하나님의 형상대로 사람을 창조하시되 남자와 여자를 창조하시고 하나님이 그들에게 복을 주시며..."(창 1:27-28). 우리를 창조하신 하나님의 이름 자체가 복의 의미를 담고 있다. 우리가 자주 사용하는 여호와 샬롬, 여호와 라파 등과 같은 용어들은 하나님의 이름으로 축복하는 표현들이라고 할 수 있다.

- **여호와 이레:** 주님은 우리의 공급자이시다. 주님은 너의 공급자이시다. 오늘뿐만 아니라 내일도 당신의 필요를 공급하시는 하나님의 이름으로 축복한다.
- **여호와 닛시:** 주님은 우리의 깃발이시다. 주님은 너의 깃발이시다. 당신의 삶에서 모든 유혹과 고통을 이기게 해 주신 승리의 하나님의 이름으로 축복한다.
- **여화와 로이:** 주님은 우리의 목자이시다. 주님은 너의 목자이시다.

당신의 삶을 푸른 초장으로, 쉴만한 물가로 인도하시는 목자 되신 하나님의 이름으로 축복한다.

- **여호와 라파**: 주님은 우리의 치유자이시다. 주님은 너의 치유자가 되신다. 당신의 몸과 마음과 영을 치료하시는 하나님의 이름으로 축복한다.
- **여호와 샬롬**: 주님은 우리의 평화이시다. 주님은 너의 평화이시다. 모든 지식보다 더 뛰어난 하나님의 평화가 당신과 항상 함께하기를 축복한다.

이스라엘 백성들은 축복할 때마다 여호와의 이름으로 축복했다. 특별히 중보기도 사역자들은 축복을 잘하는 사람이 되어야 한다. 주님의 이름으로 축복하는 삶을 살아야 한다.

예수님의 삶을 살펴보면 한 가지 특징이 있다. 예수님이 세상에서 가장 먼저 하신 일도, 가장 마지막으로 하신 일도, 가장 많이 하신 일도 사람들을 축복하신 것이다. 예수님이 제자들을 파송하시면서 "너희는 어느 집에 가든지 먼저 평안을 빌라."라고 하셨다. 예수님의 가르침에 충실한 제자는 어느 집에 가든지 누구를 만나든지 가장 먼저 해야 할 일은 평안을 빌고 축복부터 하는 자이다.

중보기도 사역자가 다른 사람들을 위해 기도할 때 그들이 처한 상황이 아무리 어려운 환경일지라도 축복하며 기도해야 한다. 베드로는 어떠한 상황 가운데서도 "복을 빌라 이를 위하여 너희가 부르심을 입었나니 이는 복을 유업으로 받게 하려 하심이라"(벧전 3:9)라고 하였다. 중보기도 사역자는 어떠한 상황 가운데서도 사람들을 축복하며 기도해야 한다.

중보기도 사역자는 민족을 위해 기도할 때도 축복하면서 기도하고, 교회를 위해 기도할 때도 축복하면서 기도하고, 자녀를 위해 기도할 때도 축복하면서 기도하고, 자신을 위해 기도할 때도 축복하면서 기도해야 한다. 중보기도의 다른 이름은 축복기도이다.

하지만 우리가 기억해야 할 것이 있다. 진정한 복은 물질적이고 감각적인 것에 있는 것이 아니라 하나님과의 성숙하고 경건한 관계라는 것을 간과해서는 안 된다. 성경에 나타난 복의 의미는 '하나님 앞에서 무릎을 꿇는다' 또는 '하나님께 가까이 나아간다'는 뜻이 있다. 역대하 6장 13절에 보면, "솔로몬이... 이스라엘의 회중 앞에서 무릎을 꿇고 하늘을 향하여 손을 펴고"라고 하였다. 여기서 '무릎을 꿇다'는 히브리어 단어가 '바라크'인데, 즉 '복되다'는 뜻이다. 성경적인 복의 진정한 의미는 하나님 앞에 무릎을 꿇을 줄 아는 사람이다. 그러므로 중보기도 사역자는 사람들을 축복하며 기도할 때 하나님 앞에 무릎 꿇어 기도할 줄 아는 사람이 되게 해달라고 기도해야 한다.

Lectures for Intercession Prayer

Special Lecture 19
중보기도와 선포기도
Intercession Prayer and Proclamation Prayer

중보기도 사역자는 다른 사람을 위해 간구해야 하지만 하나님이 주신 권세를 가지고 선포기도도 해야 한다. 하나님께서는 모세에게 내게 부르짖는 것을 멈추고 내가 이미 네게 준 권세를 사용하여 그 상황을 다스리라고 하셨다. "여호와께서 모세에게 이르시되 너는 어찌하여 내게 부르짖느냐 이스라엘 자손에게 명령하여 앞으로 나아가게 하고 지팡이를 들고 손을 바다 위로 내밀어 그것이 갈라지게 하라 이스라엘 자손이 바다 가운데서 마른 땅으로 행하리라"(출 14:15-16).

모세는 하나님의 말씀에 순종하여 하나님께서 주신 권세로 선포기도를 하였다. 그러자 바다가 갈라져 마른 땅이 되어 이스라엘 백성들이 홍해를 건너는 역사가 일어났다. "모세가 바다 위로 손을 내밀매 여호와께서 큰 동풍이 밤새도록 바닷물을 물러가게 하시니 물이 갈라져 바다가 마른 땅이 된지라"(출 14:21).

신약에도 선포기도가 중요하게 등장한다. 베드로도 성전 미문 앞에서 구걸하는 걷지 못하는 사람에게 선포기도를 하였다. "베드로가 이르되 은과 금은 내게 없거니와 내게 있는 이것을 네게 주노니 나사렛 예수 그리스도의 이름으로 일어나 걸으라 하고"(행 3:6). 그리고 "오른손을 잡아 일으키니 발과 발목이 곧 힘을 얻고 뛰어 서서 걸으며 그들과 함께 성전으로 들어가면서 걷기도 하고 뛰기도 하며 하나님을 찬송"하였다(행 3:7-8).

베드로는 예수님께서 주신 권세를 가지고 선포기도를 통하여 많은 능력을 행하였다. 사도행전 9장 32-43절에도 베드로의 선포기도를 볼 수 있다. 베드로는 지상에서 공생애 시절의 예수님과 거의 방불할 정도로 강력한 치유 사역을 일으켰다. 사도행전 9장 32절에 보면, 베드로는 이스라엘 경내를 두루 다니며 병을 고쳤다. 룻다에 사는 성도들을 방문하던 중 중풍으로 8년째 누워 있는 애니아라는 성도를 선포기도를 통해 일으켜 세운다. "애니아야, 예수 그리스도께서 너를 낫게 하시니 일어나 네 자리를 정돈하라한대 곧 일어나니"(행 9:34). 이 일로 룻다와 시돈에 사는 사람들이 다 베드로의 치유 사역을 보고 주께로 돌아온다(35절).

사도행전 9장 36-41절은 베드로의 욥바 사역을 기록하고 있다.

선행과 구제하는 일이 심히 많던 욥바의 여제자 다비다가 죽자 사람들이 그녀를 다락에 뉘여 놓았다. 도르가라고도 불렸던 다비다, "다비다를 번역하면 도르가라 선행과 구제하는 일이 심히 많더니."라고 되어 있다.

주후 1세기경 팔레스타인에 살고 있던 사람들은 상당수가 두 개의 이름, 아람어 이름과 헬라식 이름을 갖고 있었다. '다비다'는 아람어 이름이고, '도르가'는 헬라 이름이다. 이 이름은 둘 다 '영양'을 뜻한다. 영양에 대해서 사전에는 이렇게 기록하고 있다. "솟과의 포유동물. 몸은 날씬하며 우아하고 발에는 발굽이 있으며 매우 빠르다." 그 당시 사도 시대 때, 영양은 빨리 달리고 품위가 있어 '은혜로움' 혹은 '아름다움'의 상징이었다. 다비다는 자신의 이러한 이름의 뜻과 같이 누구보다도 선행과 구제에 헌신적이었던 아름다운 심성을 가진 여인이었다.

다비다가 죽자 욥바 사람들이 베드로가 자기들이 사는 가까운 곳에 있다는 소식을 듣고 사람들을 보내어 베드로를 오게 한다. 사도 베드로는 욥바 사람들의 간청을 듣고 욥바로 가서 다비다의 시신이 안치된 다락방에 올라가 그녀의 죽음을 슬퍼하던 과부들과 조우한다. 베드로는 모든 사람을 내보낸 후 무릎을 꿇고 기도하고 시체를 향하여 "다비다야, 일어나라"(행 9:40)라고 선포기도 또는 명령기도를 한다. 베드로의 명령에 다비다가 눈을 떠 베드로를 보고 일어났다. 베드로는 손을 내밀어 일으키고 성도들과 과부들을 불러들여 다비가가 살아난 것을 보여 준다(행 9:41).

베드로의 "다비다야 일어나라."는 명령 또는 선포는 '단순한 희망이나 기원이라기보다는 확실한 믿음의 선포'이다. 베드로는 주님의 능력을 확실하게 믿었기 때문에 이런 선포기도 또는 명령기도를 할 수 있었다.

중보기도 사역자는 주님의 이름을 힘입어 선포기도 또는 명령기도를 사용해야 한다. 예수님의 이름을 힘입어 권세 있게 기도해야 한다. 자녀 된 권세를 주셨기 때문이다.

베드로가 죽은 다비다를 위해 기도할 때 무릎을 꿇고 기도하는 것(행 9:40)은 그 당시 일반적인 기도 자세는 아니었다. 초대교회의 기도 자세는 (1) 서서 (2) 앉아서 (3) 무릎을 꿇고 하는 것이었다. 하지만 보다 더 일반적인 기도 자세는 서서 손을 드는 것이었다(눅 18:11, 13). 베드로가 여기서 무릎을 꿇고 기도한 것은 간절함의 표시였다. 기도에서 자세가 중요하다는 것을 말해 준다. 마음과 자세는 서로 깊게 관계되어 있다. 마음이 달라지면 자세가 달라지기도 하지만, 제세가 달라지면 마음이 달라지기도 한다.

선포기도 또는 명령기도는 특별히 예수님의 이름의 권세를 의지하여 성령의 능력을 힘입어 마귀를 대적하여 기도할 때 가장 필요한 기도이다. "그런즉 너희는 복종할지어다 마귀를 대적하라 그리하면 너희를 피하리라"(약 4:7). 여기서 마귀를 대적하는 기도는 선포기도의 한 유형이다.

성경에는 하나님을 믿고 예수님을 따르는 사람들 배후에 어두움의 세력이 있음을 말한다. 우리는 사람의 배후에서 역사하는 악한 영을 향해서 대적기도를 해야 한다. 하지만 대적기도에서 분명히 해야 할 것은 대적의 대상은 어떤 경우에도 사람이 아니라 어두움의 세력이다.

그러나 성경에서 사람을 향해 "사탄아 물러가라"는 내용이 나온다. 그 대표적인 예가 베드로가 예수님의 뜻을 모르고 어리석게 말했을 때 예수님은 베드로에게 "사탄아 물러가라."(마 16:23)라고 한 경우이다. 구체적으로 상황을 서술하면, 예수님께서 어느 날 제자들과 함께 빌립보 가이사랴 근처 마을을 향하여 길을 떠 나셨다. 그리고 길에서 제자들에게, "사람들이 나를 누구라고 하느냐?"라고 물으셨다. 그때 제자들이 대답하였다. "세례자 요한이라고 합니다. 그러나 어떤 이들은 엘리야라 하고, 또 어떤 이들은 예언자 가운데 한 분이라고 합니다." 예수님께서 제자들에게 다시 물으신다. "그러면 너희는 나를 누구라고 하느냐?" 베드로가

"주는 그리스도이시요 살아계신 하나님의 아들이십니다."라고 대답하였다. 그러자 예수님께서는 제자들에게 당신에 관하여 아무에게도 말하지 말라고 말한 후에, 예수님은 많은 고난을 겪으시고 배척을 받아 죽임을 당하셨다가 사흘 만에 다시 살아나신다는 것을 제자들에게 가르치기 시작하셨다. 이때 베드로가 예수님을 꼭 붙들고 반박하기 시작하였다. 이런 베드로를 향해 예수님은 "사탄아, 내게서 물러가라. 너는 하나님의 일은 생각하지 않고 사람의 일만 생각한다."라며 꾸짖으셨다.

예수님이 베드로를 향해 말한 '사탄'이 상징적인 의미인지 아니면 베드로의 배후에서 역사하는 사탄인지를 이해할 필요가 있다. 여기서 예수님이 베드로를 향해서 '사탄'이라고 한 것은 '하나님의 뜻을 대적하는 자'라는 뜻이다. 왜냐하면 "사탄아 내 뒤로 물러가라."는 예수님의 말은 "내 뒤로 물러가라, 너는 대적자야"(get behind me, thou adversary)라는 의미이기 때문이다. 그러므로 예수님께서 베드로를 향해 말한 '사탄'은 하나님의 뜻을 깨닫지 못하고 있는 베드로를 '꾸짖고 있는 것'이라고 할 수 있다. 하지만 마태복음 4장 10절에 예수님이 사탄으로부터 유혹을 받았을 때 "사탄아 물러가라"(be gone Satan, away from me Satan)라고 했을 때의 사탄은 실체적인 존재이다.

여기서 우리는 하나의 교훈을 발견하게 된다. 그것은 하나님의 뜻을 대적하는 자들을 향해서도 예수님처럼 선포기도와 명령기도를 할 수 있다는 것을 시사해 준다고 할 수 있다. 하지만 이런 기도는 정죄하는 행위가 되어 버릴 수 있기 때문에 함부로 해서는 안 된다. 또한 하나님의 뜻을 대항한다는 것의 판단 기준이 매우 자기 주관적인 관점이 될 수 있으므로 사람을 향해서 함부로 예수님과 같은 명령기도를 해서는 안 된다. 예수님의 판단은 완전하시지만, 우리의 판단은 불완전할 수 있기 때문이다.

Lectures for Intercession Prayer

Special Lecture 20

중보기도와 치유기도
Intercession Prayer and Healing Prayer

예수님의 치유기도

치유는 예수님의 주요 사역 중의 하나였다. 마태복음 43장 23절에 "예수께서 온 갈릴리에 두루 다니사 저희 회당에서 가르치시며, 천국 복음을 전파하시며 백성 중에 모든 병과 모든 약한 것을 고치시니."라고 하고 있다. 복음서의 20퍼센트는 예수님의 치유 사역을 다루고 있다. 신약의 3,779절 중에 727절이 치유 사역과 관련된 구절들이다. 영적 · 심리적 치유를 위한 기도는 건강한 성경적 사역이다. 치유 기도는 죄나 심리적 상처로 인해 영혼이 어그러지고 하나님 앞에서 제자리를 찾지 못할 때 큰 힘을 발휘한다.

복음서에 보면 예수께서만 치유 사역을 하셨던 것은 아니다.

12제자의 선교(막 6:13)와 70인의 선교(눅 10:9)를 통해 알 수 있는 것은 예수님의 제자들도 치유를 행하였다. 사도행전에서도 예수님의 이름으로 치유사역이 행해졌다. 성전 미문의 앉은뱅이 (행 3:3)를 치유한 사건은 복음 증거가 주어졌을 때 사도들이 어떻게 치유 사건을 백성들과 종교 당국 모두에게 복음 증거의 수단으로 활용했는지를 보여 주는 가장 잘 알려진 경우이다. 서신에서는 하나의 새로운 강조점이 나타난다. 치유는 기독교 공동체나 회중들 속에서 일어나며 교회의 구성원들에 의하여 수행된다. 이것은 두 가지 방식으로 일어난다. 하나는 교회의 개별적인 구성원들에게 주어진 치유의 은사를 사용함으로써 시행되고(고전 12:9), 다른 하나는 교인들 중 몸이 아픈 사람이 교회의 장로들을 불러 자신들을 치유하게 하는 것이다(약 5:14). 성경에 나타난 치유 사역은 특별히 기도를 통해 행하여졌다. 복음서에서 예수님은 제자들의 질문에 "집에 들어가시매 제자들이 조용히 묻자오되 우리는 어찌하여 능히 그 귀신을 쫓아내지 못하였나이까 이르시되 기도 외에 다른 것으로는 이런 종류가 나갈 수 없느니라 하시니라"(막 9: 28-29)라고 하셨다. 성경의 사도행전(28:8, 9:40)과 서신서(고전 12:9, 약 5:13-16)에 기록되어 있는 치유의 내용들과 복음서를 종합하여 보면 치유의 은사는 기도하는 상황 속에서 사용되었다.

중보기도자의 치유기도와 믿음

야고보서에는 병든 사람에 대한 치유기도가 있다. 교회에 병든 자가 있으면 장로들은 그들을 위해 치유기도를 해야 한다. 장로들은 병든 사람을 위한 치유기도를 할 때 두 가지 일을 해야 한다. 병든 사람을 위하여 기도하고, 주님의 이름으로 올리브 기름을 발라주는 것이다(약 5:14 후반부). 두 가지 가운데 기도가 더 중요하다.

장로들은 병든 자를 위해 기도할 때에 '믿음의 기도'를 해야 한다(약 5:15). 믿음의 기도는 병든 자를 구원, 즉 치유하게(sozo) 된다. 여기서 믿음은 병든 자의 믿음이 아니라 기도하는 장로의 '믿음의 기도'가 병든 자에 대한 치유를 불러일으킨다고 말한다.

야고보서 5장에는 병든 자를 위해 기도할 때 세 가지 종류의 기도가 언급된다. '믿음의 기도'(15절), '의인의 기도'(16절), '열렬한 기도'(17절)이다. 여기에 언급된 세 가지 유형의 기도도 기도하는 사람, 즉 장로들과 관련된 것이다. 먼저 장로들은 기도할 때 믿음에 근거한 기도를 해야 할 뿐만 아니라 의심 없이 믿음으로 기도해야 한다. 여기서 말하는 믿음의 기도는 환자의 믿음이 아니라 장로들의 믿음이다. 다음은 치유를 위해 기도하는 자는 의인이어야 한다. 여기서 의인은 하나님과 올바른 관계를 유지하여야 하며 엘리야처럼 하나님의 현존 앞에 설 수 있는 사람이어야 한다. 마지막으로 환자를 위한 기도는 온전한 기도를 해야 한다. 여기서 온전한 기도란 집중적으로 하는 열렬한 기도를 말한다.[107]

성경의 치유기도는 기본적으로 중보기도의 형태와 관계된다. 물론 치유는 병든 사람의 믿음의 기도에 의해 일어나기도 하지만, 성경에는 치유기도는 중보기도의 형태로 가장 많이 나타난다. 중보기도 사역자들은 병든 사람의 치유를 위해 기도할 때 믿음과 하나님과 올바른 관계 안에서 집중적으로 해야 한다. 기억해야 할 것은 환자의 믿음이 아니라 기도하는 사람의 믿음이 치유를 불러일으킨다는 것이다. 때문에 치유가 일어나지 않을 때 환자의 믿음 때문이라고 단정하는 것은 지극히 단순한 생각이다. 기도하는 자가 믿음 없이 형식적으로 기도할 때 환자는 하나님의 치유를 경험할 수 없다는 것을 잊지 않아야 한다.

또한 기억해야 할 것은 야고보서 5장 15-16절에서 말한 '믿음의 기도'에서 '믿음'에 대한 이해의 문제이다. 어떤 사람들은 치유기도에서 믿음이란 병 낫기를 '바라는 것'은 진정한 믿음이 아니고 하나님이 '이미 고쳐주셨다고 확신하는 것'이 믿음이라고 강조한다. 치유가 일어나지 않은 것은 믿음이 없었기 때문이라고 단정한다. 치유기도에서 기도하는 사람의 믿음이 절대조건이라고 믿게 되면 하나님은 우리의 믿음에 따라 행동하시는 분이 되어버린다. 이러한 믿음은 성경적인 믿음이 아니다. 하나님은 우리의 믿음을 보시고 치유하시기도 하지만, 우리의 믿음이 없을 때에도 치유를 행하신다. 때문에 믿음의 기도는 치유를 위한 필요조건이지 절대조건은 아니다. 고린도후서 12장 8절에서 바울은 육체의 가시를 치유받기 위해 3번씩이나 기도했지만 그에게 치유가 허락되지 않았다. 하나님께서는 바울의 고통이 지속되어야 할 이유를 갖고 계셨다. 그러므로 바울의 경우에서 치유는 그의 질병의 제거가 아니라 하나님과 자신의 동료들 사이에서 만들어지는 바울의 관계성 속에서 나오는 질병의 새로운 용도가 곧 치유였던 것이다.

교회 공동체 안에서 병중에 있는 지체가 홀로 외로운 투쟁을 하게 해서는 안 된다. 교회 공동체는 병든 자를 위해서 반드시 중보기도 네트워크(network)를 구축해서 기도해야 한다. 성경에서 병든 자는 장로들을 청하여 기도를 받으라는 것을 현대적으로 적용하면 병든 자를 위한 중보기도 네트워크를 구축하여 기도하라는 의미가 될 수도 있다. 교회 공동체가 힘든 병과 싸우고 있는 지체들을 위해서 사랑으로 기도해 줄 때 더 빠른 치료효과를 얻을 수 있다. 교회 공동체에서 병과 투쟁하는 지체들이 영적 지원을 받을 때 하나님의 영과 더욱 친밀하게 교제할 수 있다.

Special Lecture 21
중보기도와 금식기도
Intercession Prayer and Fasting Prayer

기도와 금식

마가복음 9장 14-29절에 귀신들린 아이를 고치시는 예수님의 이야기가 있다. 아이의 아버지는 예수님을 만나기 전에 제자들에게 귀신을 내쫓아 달라고 요청했지만 그들은 하지 못했다. 그러나 예수님은 아버지의 소원대로 아이를 고쳐주셨다. 사람들이 돌아간 뒤에 제자들이 조용히 예수님께 물었다. "우리는 어찌하여 능히 그 귀신을 쫓아내지 못하였나이까?"(막 9:28). 제자들의 질문에 예수님은 이렇게 답하셨다. "기도 외에 다른 것으로는 이런 종류가 나갈 수 없느니라"(막 9:29). 이 구절을 한국어 성경과 영어성경 NIV에서는 '기도'라고 번역하고 있지만, 영어성경 KJV에서는 "기도와 금식"으로 번역하고 있다(And he said unto them.

This kind can come forth by nothing, but by **prayer and fasting**). 한글 개역성경에서는 '기도'라고 번역하고 있지만, KJV에서는 '기도와 금식'이라고 번역하였다. 즉, 기도와 금식 외에 다른 것으로는 이런 종류가 나갈 수 없다는 것이다.

나아가 기도에 동반되는 것 중에 금식도 있다. 시편 35편에 다윗은 원수들이 '병들었을 때'에도 그들을 위해 금식하며 기도하였다.

> 나는 그들이 병들었을 때에
> 굵은 베옷을 입으며
> **금식하여** 내 영혼을 괴롭게 하였더니,
> 내 기도가 내 품으로 돌아왔도다.
> 내가 나의 친구와 형제에게 행함같이
> 그들에게 행하였으며 내가 몸을 굽히고 슬퍼하기를
> 어머니를 곡함같이 하였도다(시 35:13-14).

우리는 정신과 육체를 가진 존재로 창조되었기 때문에 기도도 정신과 몸으로도 할 수 있어야 한다. 기도는 단지 마음 또는 정신으로만 하는 것이 아니다. 기도는 몸으로도 하는 것이다. 어떤 의미에서 마음기도보다는 몸기도가 훨씬 더 힘들고 어려운 기도일 수 있다. 왜냐하면 마음으로 말하는 기도는 쉽게 할 수 있지만 몸기도인 금식은 고통과 인내를 수반하기 때문이다. 존 칼빈도 "중요한 문제를 놓고 기도할 때는 금식을 병행하는 것이 좋다. 금식은 마음을 더욱 간절하게 하고 기도에 전념하게 해 준다."라고 하였다.108)

금식의 목적

성경에는 금식의 이유와 목적이 다양하게 언급되고 있다. 첫째는 극한 슬픔을 표현하는 형태로서 금식이 시행되었다. 다윗은 사울의 죽음을 애도하며 금식하였다(삼상 31:11-13; 삼하 1:11-12). 다윗은 사울이 자기의 원수였지만 그가 하나님이 기름 부으시고 세우신 하나님의 종이였다는 것 때문에 사울이 죽었을 때 슬퍼하며 울며 금식하였다. 예수님은 제자들이 신랑이신 예수님을 빼앗기고 난 후에 금식할 것이라고 하였다(마 9:14-15). 이처럼 극한 슬픔을 표현하는 형태로 금식이 실천되었다.

둘째는 개인의 죄나 민족의 죄를 회개하기 위하여 금식을 행하였다. 니느웨 성의 왕과 백성들은 요나를 통해 선포된 하나님의 심판을 믿고 금식하며 회개하였다(욘 3:3-10). 안디옥 교회는 금식하며 기도함으로 하나님을 섬기다가 세계 선교에 대한 성령님의 계시를 받게 된다(행 13:2-3). "주를 섬겨 금식할 때에 성령이 가라사대 내가 불러 시키는 일을 위하여 바나바와 사울을 따로 세우라 하시니."라고 하였다.

셋째는 하나님의 이름으로 충실한 봉사를 하고자 할 때에 그 일에 필요한 힘과 은사를 받기 위해서 내적으로 자신을 준비시키기 위해서 금식을 행하였다. 모세와 엘리야 그리고 예수님께서 40일 동안 광야에서 금식을 행했던 것도 바로 이러한 목적을 이루기 위해서였다(출 24장; 34장; 왕상 19장; 마 4장). 예수님은 사십일 금식 후에 공생애 사역을 시작하셨다.

넷째는 금식의 중요한 목적 중에 하나는 다른 사람을 위한 사랑이다. 즉, 금식의 목적은 이웃사랑에 있다. 이사야 선지자는 금식의 목적은 다른 사람을 돕는 데 있다고 강조한다(사 58:6). 즉 금식은 우리 자신을 위한 것이 아니다. 우리가 먹지 않은 것으로 다른 사람들을 도와주기 위한 것이다.

그러나 한국교회 안에서는 이 본문의 전후 문맥을 무시하고 금식 자체를 강조하기 위해 '금식은 하나님이 기뻐하시는 행위'라고 말하는 경우가 많다. 하나님께서 "나의 기뻐하는 금식은" 하고 말씀하였기 때문에 하나님께서 금식을 기뻐하신다는 것으로 이해한다. 하지만 이 본문에서 이사야는 사람들이 금식을 하면서도 다른 사람의 필요를 전혀 생각지 않고 자기 의와 자아도취의 행위로 변질시킨 것을 비판하고 있다.

보다 중요한 문제는 "히브리어 본문에는 '나의 기뻐하는 금식'이라는 구절이 없다는 것이다. 마소라 사본은 기뻐하다는 말이 아니라 "선택하다"는 뜻의 히브리어 '바하르'(bachar)를 사용하고 있다. 따라서 이 구절은 '내가 선택한 금식은 …'이라고 번역해야 옳다. 모든 영역본은 'the fast that I choose'라고 번역하고 있다. KJV. NIV. 등 거의 모든 영역본은 마소라 사본에 따라 '내가 선택한 금식'이라고 번역하고 있으며, 오로지 TNK 만 '내가 바라는 금식(the fast I desire)'이라고 번역하고 있다. 심지어 중국어 성경도 '선택한 금식'이라고 번역하고 있다."109)

금식의 중요한 목적은 가난한 사람에게 사랑을 베풀기 위한 것이다. 즉, 금식하면서 먹지 않은 음식을 가난한 사람들에게 나누어 주고, 금식함으로써 절약된 돈을 가난한 사람에게 주기 위한 것이다. 현재까지 남아있는 초기 기독교 문헌 중에 『헤르마스의 목자』(The Shepherd of Hermas)에는 금식의 중요한 목적을 이렇게 서술하고 있다. "그날 먹을 음식을 돈으로 계산해서 과부와 고아, 가난한 자들에게 나누어야 한다. 그대가 이런 방법으로 스스로 가난에 처하면, 그대의 겸손한 행위로 도움을 받는 사람이 마음의 감동을 받고 그대를 위해 주께 간구할지도 모른다."110)

금식의 유형

대부분의 한국교회 그리스도인은 일반적으로 금식을 물만 먹고 하는 것으로 생각하는 경향이 있다. 하지만 기독교 역사에서 금식은 반드시 절식으로만 하는 것은 아니었다. 기독교 역사에서 부분 금식도 행해졌다는 것을 알 수 있는 한 예이다. 어느 날 "교부(abba) 요셉이 교부 포에멘에게 물었다. '금식은 어떻게 행해야 합니까?' 이에 대해서 포에멘이 대답하였다. '내 경험으로는 매일 먹는 것이 더 좋다고 생각한다. 그러나 만족하지 않기 위해서 단지 조금씩만 먹는 것이 좋다.'"111) 교부들은 음식을 전혀 먹지 않는 금식보다는 평상시보다 음식의 양을 줄여서 조금씩만 먹는 '금욕적인 금식'이나 어떤 특정한 음식을 먹지 않는 '부분 금식'을 하였다는 것을 알 수 있다.

리차드 포스터(Richard Foster)는 일반적인 금식과 부분적인 금식 그리고 절대적인 금식을 구별하여 설명하였다. 일반적인 금식은 모든 종류의 음식, 그것이 고체 상태이든지 액체 상태이든지 간에 물을 제외한 모든 종류의 음식을 절식하는 것이다. 부분적인 금식은 모든 음식을 절식하는 것이 아니라 특정 음식만을 절식하는 것이다. 절대적인 금식은 음식과 물을 모두 먹지 않는 것이다.[112]

성경에 나타난 금식의 유형은 주로 부분 금식과 절대 금식이 소개되고 있다. 성경에는 단지 물만 먹고 하는 절식 형태의 일반 금식보다는 어떤 특정한 음식을 먹지 않고 하는 부분 금식과 큰 위기 가운데 주로 했던 절대 금식이 소개 되고 있다. 먼저 고기 등과 같은 음식을 먹지 않고 한 부분 금식이다. 대표적인 예가 다니엘이다.

> 바사 왕 고레스 제삼 년에 한 일이 벨드사살이라 이름 한 다니엘에게 나타났는데 그 일이 참되니 곧 큰 전쟁에 관한 것이라 다니엘이 그 일을 분명히 알았고 그 환상을 깨달으니라 그때에 나 다니엘이 세 이레 동안을 슬퍼하며 세 이레가 차기까지 좋은 떡을 먹지 아니하며 고기와 포도주를 입에 대지 아니하며 또 기름을 바르지 아니하니라(단 10:1-3).

천사가 다니엘을 방문했을 때 그는 3주 내내 채소만 먹는 부분 금식을 하였다. 다니엘은 부분 금식을 하면서 자신이 보았던 환상에 대한 주님의 뜻을 구하는 기도를 하였다. 다니엘은 이전부터 세 명의 히브리 친구들과 함께 바벨론 왕국의 기름진 음식을 거절하고 금식을 자주했다(단 1장). 다니엘은 부분 금식을 주로 하였고, 고기는 먹지 않고 채소만 먹는 금식을 주로 하였다. 다니엘이 고기를 먹지 않고 부분 금식을 주로 하게 된 이유는 바벨론의 우상을 섬기지 않고 하나님 신앙을 지키고자 하는 믿음의 표시이기도 했다. 왜냐하면 그 당시 그에게 제공된 고기는 바벨론의 우상에게 제물로 바쳐졌던 것이었기 때문이다.

성경에는 절대 금식도 있다. 대표적인 예가 에스더의 경우이다. 에스더는 페르시아의 아하수에로 왕 시대에 하만에 의해 유대 민족이 말살될 위기가 왔을 때 유대인으로서 왕후가 된 그녀는 민족적인 수난과 위기를 극복하기 위해 수산에 있던 유대인들과 함께 3일간 금식기도를 하였다.

에스더가 모르드개에게 회답하여 이르되 당신은 가서 수산에 있는 유다인을 다 모으고 나를 위하여 금식하되 밤낮 삼 일을 먹지도 말고 마시지도 마소서 나도 나의 시녀와 더불어 이렇게 금식한 후에 규례를 어기고 왕에게 나아가리니 죽으면 죽으리이다 하니라 모르드개가 가서 에스더가 명령한 대로 다 행하니라 (에 4:15-17).

에스더는 민족적 위기 앞에서 모든 음식을 먹지 않고 생명을 걸고 절대 금식을 하였다. 하나님께서는 에스더와 함께 절대 금식을 한 유대 백성에게 응답하셔서 모든 위기와 상황을 바꾸어 유대 민족이 생존하도록 반전의 역사를 이루셨다. 에스더는 민족적인 위기와 같은 절체절명의 순간에 하나님의 도우심을 구하며 절대 금식을 하였을 때 하나님의 큰 역사를 경험할 수 있었다.

현대 사회에서의 금식은 보다 더 넓은 의미에서 이해되고 실천될 수 있다. 금식은 단지 음식을 먹지 않는 것뿐만 아니라 그 밖의 다른 것까지도 모두 절제하는 의미에서 금식을 실천할 수 있다.[113] 절제란 인생의 즐거움을 모두 거부한다는 뜻은 아니다. 달라스 윌라드가 지적한 것처럼 "우리가 세상적인 것을 즐거워하고 그것에 빠져 있으면서 하나님을 욕되게 하는 것만큼이나 그 즐거움을 피하고 두려워하는 것도 하나님을 욕되게 하는 것이기 때문이다."[114] 절제의 진정한 목적은 하나님께서 주신 선물을 올바르게 즐기는 방법을 배우는 것이다. 이런 종류의 금식은 텔레비전을 시청하는 대신 자연의 소리를 듣거나 침묵을 지키는 것도 현대적인 의미에서 금식의 형태가 될 수 있다. 또한 육체적 건강에 열중하며 지나치게 매달리는 것도 자제해야 한다. 즉 강박관념에 시달리면서 먹지 않는 것뿐만 아니라 그렇게 먹는 것 까지도 절제하는 것이 금식이다. 이 밖에도 절제를 통해서 금식을 실천할 수 있는 방법은 다양하다. 때로 창조적으로 접근하는 것도 필요하며, 자신의 성격과 환경에 맞는 금식 방법을 선택할 필요가 있다.

중보기도와 성탄절 부분 금식
-외로운 자들을 위한 기도와 돌봄

영국에서 필자가 공부할 때 출석하던 교회에서 성탄절에 뜻있는 경험을 하고 배운 것이 있다. 그것은 성탄일 예배 후에 교회 담임 목사님께서 필자의 가족을 초청하여 만찬을 베풀어 주었던 일이다. 영국의 성탄절은 우리나라의 명절과 같은 절기이다. 영국 사람들은 성탄절에 온 가족이 함께 모여 서로 선물을 주고받으며 축복하며 보내는 기간이다. 이러한 기간임에도 영국 교회에서는 많은 목회자들이 성탄일 예배 후에 교회 성도들 가운데 가장 외롭고 힘들게 사는 성도에게 예수님의 성육신과 사랑을 기억하며 실천하는 모습을 자주 볼 수 있다.

이와 같은 필자의 경험은 성탄절을 더욱 의미 있게 여기고 구체적으로 실천하려는 자세를 갖도록 해 주었다. 특별히 교회가 성탄절을 성탄전야 행사와 성탄일에 예배를 드리는 것으로 만족해서는 안 된다. 성탄절은 예수님이 이 땅에 오신 것을 기억하고 축하하는 것을 넘어 성육신의 정신과 사랑의 삶을 구체적으로 실천하는 시간이 되어야 한다. 현대 성탄절은 너무나 상업화되어 있을 뿐만 아니라 그 정신이 약화되어 가고 있다.

이런 흐름 속에서 교회의 중보기도 팀이 성탄절의 본질인 예수님의 오심과 사랑을 삶 속에서 구체적으로 실천하면 좋다. 중보기도 팀이 성탄일 1주나 2주 전부터 '부분 금식'을 실천하여 외롭고 가난하게 지내는 성도들에게 사랑을 베푸는 것이다.

성탄절에 중보기도 팀의 부분 금식이 시작되기 전에 중보기도 팀에서 금식준비위원회를 구성하여 구체적인 실천 계획과 방법과 목적을 만들어야 한다. 중보기도 팀의 성탄절 부분 금식은 되도록 모든 사람의 참여를 위하여 '부분 금식'을 2주 정도 하면 좋다. 이때 중보기도 사역자들 중에 금식을 해서는 안 되는 상황 가운데 있는 사람들은 금식을 하지 않도록 해야 한다. 중보기도 팀의 부분 금식 기간에는 평소의 음식 비용의 절반 정도를 절약하는 데 목표를 둔다. 예를 들면, 평소에 2주에 본인의 식사와 간식비로 20만 원 정도의 비용이 들어갔다면 10만 원 정도를 절약한다. 부분 금식 기간 동안에는 고기와 기호식품을 먹지 않거나 평소 먹던 것의 반절만 먹으며 하는 것이 좋을 수 있다. 금식의 목적은 예수님이 친히 이 땅에 오신 성육신의 정신과 사랑을 기억하며 부분 금식을 하여 절약한 돈으로 교회 안에서 가장 외롭게 살아가는 할아버지와 할머니 그리고 소년 소녀 가장에게 사랑을 베푸는 데 목적을 두면 좋다. 중보기도 팀의 금식준비위원회에서는 도움과 사랑이 필요한 성도들을 조사를 하거나 추천을 받아 명단 목록을 익명으로 작성하여 부분 금식이 시작되기 전에 중보기도 사역자들에게 나누어 주면 좋다. 성도들 중에 도움과 사랑이 필요한 성도들의 익명과 함께 어느 정도 구체적인 내용을 작성하여 중보기도 사역자들에게 주고 그 내용을 보고 부분 금식을 하며 기도하도록 하면 좋다. 부분 금식은 성탄일 전야에 끝내고 중보기도 사역자들이 기도하면서 돕고 싶거나 사랑을 베풀고자 하는 마음이 생긴 성도의 익명을 헌금 봉투에 써서 절약한 돈과 함께 성탄일에 헌금함에 넣도록 한다. 익명을 쓸 때는 한 사람만 써서는 안 되고, 최소한 세 명 이상을 쓰도록 해야 한다. 한 사람에게 많은 사람이 몰릴 수 있기 때문이다. 또는 성탄일 예배 후나 저녁에 사랑을 베풀고 싶은 마음이 생긴 성도에게 부분 금식을 통해 절약한 돈으로 식사를 대접하는 것도 좋은 방법이 될 수 있다. 식사를 대접할 때는 대접을 받는 당사자만 알게 하고 조용히 실천하도록 해야 한다. 또는 중보기도 팀의 성탄절

부분 금식은 전체가 한 가지 목표를 정하여 하는 것도 좋다. 중보기도 팀의 부분 금식이 끝나면 절약한 돈을 함께 모아 사용하는 것도 좋을 수 있다.

중보기도와 수난절 부분 금식
-고통 받는 자들을 위한 기도와 돌봄

기독교 전통에서 수난절에는 금식을 중요하게 여기고 실천하여 왔기 때문에 금식과 함께 이 절기를 보내면 보다 더 의미 있게 보낼 수 있다. 수난절에도 중보기도 팀이 일반 금식보다는 부분 금식을 하는 게 더 좋다. 왜냐하면 물만 먹고 하는 일반 금식은 모든 중보기도 사역자가 참여하기 어렵고 특별히 직장 생활을 하는 사람들은 많은 부담을 느낄 수 있기 때문이다. 일반 금식은 고난 주간의 금요일 하루 정도 하면 좋을 수 있다. 수난절에도 성탄절과 거의 같은 방법으로 부분 금식을 4주 정도 하면 좋다. 하지만 수난절의 부분 금식의 목적은 예수님이 친히 몸의 고난을 겪으셨던 것처럼 중보기도 사역자들도 몸의 고난을 실천적으로 경험하는 데 있다. 뿐만 아니라 인류의 죄와 고통을 감당하기 위해 고난을 당하시고 죽으셨던 것처럼 중보기도 사역자들도 다른 사람들의 고통에 동참하는 실천적인 방법으로 부분 금식을 하고, 그 금식을 통해 절약한 물질을 교회 안과 밖의 가난하고 소외된 사람들에게 베풀면 좋다. 중보기도 사역자들이 교회력의 절기를 이렇게 부분 금식과 함께 사랑을 실천하며 지키면 보다 더 건강한 교회 공동체가 되는데 중요한 역할을 할 수 있을 뿐만 아니라 중보기도 사역자들도 많은 유익과 기쁨을 얻는 기회가 될 수 있다. 중보기도 사역자들이 교회 공동체 안에서 이렇게 부분 금식을 통해서 절약한 물질을 드리면 자신들의 영적인 삶뿐만 아니라 유기체적 공동체의 삶을 경험하는 기회가 될 수 있다.

중보기도와 추수감사절 부분 금식
-가난한 자들을 위한 기도와 돌봄

추수감사절도 부분 금식을 하며 지키면 더 의미 있는 절기가 될 수 있다. 대부분의 한국교회는 추수감사절에 감사에 대한 설교와 헌금 그리고 과일과 곡식을 드리는 것으로 끝마친다. 그러나 추수감사절의 성경적·역사적 의미와 목적을 보면, 첫째는 과거를 기억하는 것이다. 애굽에서 종 되었던 삶을 기억하는 것이다. "너는 애굽에서 종 되었던 것을 기억하고 이 규례를 지켜 행할지니라"(신 16:12). 둘째는 즐거워하는 것이다. 하나님의 은혜를 기억하며 모든 사람과 함께 즐거워하는 것이다. "너와 네 자녀와 노비와 네 성중에 있는 레위인과 및 너희 중에 있는 객과 고아와 과부가 함께 네 하나님 여호와께서 자기의 이름을 두시려고 택하신 곳에서 네 하나님 여호와 앞에서 즐거워할지니라"(신 16:11). 추수감사절은 축제의 절기이다. 셋째는 하나님께서 주신 복을 생각하며 감사하는 것이다(신 16:10). 넷째는 교육적인 의미가 내포되어 있다. 특별히 자녀들을 위한 실물교육적인 의미가 있다. 다섯째는 물질을 드려서 나누는 것이다. 하나님께서 주신 물질을 드려서 그 물질을 특별히 고아와 과부와 나그네와 함께 나누는 것이다(신 16:11). 추수감사절의 네 번째 의미는 성경에 직접적으로 기록되어 있지는 않지만 교육적 의미가 깊이 내재되어 있다고 할 수 있다. 게다가 이스라엘의 고대교육사상에 보면 이런 의미가 잘 설명되어 있다.[115]

한국교회가 추수감사절의 성경적인 가르침과 의미를 되살리기 위해서는 단지 설교와 헌금만을 하는 절기로 지키기보다는 실천적인 방법을 고민할 필요가 있다. 추수감사절의 성경적인 가르침을 실천하기 위한 방편으로 부분 금식이 하나의 중요한 방편이 될 수 있다. 중보기도 사역자들이 추수감사절 약 2주 전에 부분 금식을 시작하여 절약한 물질을 모아서 특별히 가난한 자와 과부와 고아들과 함께 나누면 보다 더 성경적인 절기가 될 수 있다. 물론 추수감사절에 하나님께서 주신 물질의 복을 기억하며 감사함으로 드리는 것도 중요하다. 하지만 물질적으로 자립한 교회가 추수감사절 헌금을 일반재정으로 사용하는 것은 바림직한 것이 아니다. 추수감사절 헌금은 가난한 자에게 나누어 주고, 성도들과 이웃을 위한 축제를 위해 쓰는 것이 더욱 좋다. 추수감사절의 성경적인 정신과 실천이 교회 안에 정착되도록 중보기도 사역자들이 부분 금식을 통하여 교회에서 모범을 보이며 실천하면 좋을 수 있다.

Special Lecture 22

중보기도와 영혼의 어두운 밤
Intercession Prayer and The Dark Night of The Soul

　기도에서 영혼의 어두운 밤의 경험은 오늘날 잘 이해되지 않는 내용이다. 십자가의 요한은 영혼의 어두운 밤은 사람들이 한때 믿음의 실천과 기도를 통해 누렸던 기쁨을 잃어버리는 시기를 말한다. 십자가의 요한은 하나님이 영혼을 정결케 하여 더 깊은 신앙으로 이끌기 원하시기 때문에 영혼의 어두운 밤에 들어가게 하신다고 하였다.

　십자가의 요한이 분석한 영혼의 어두운 밤은 우리의 기도생활에 중요한 의미를 준다. 하나님은 영혼의 어두운 밤을 통해서 단맛에 중독되어 있는 영혼을 정화시키신다. 왜냐하면 영혼은 감각적인 단맛 중독증에 빠져 있을 뿐만 아니라 영적 단맛에도 중독되어 있기 때문이다. 그러나 영혼의 어두운 밤을 견딘 영혼에게는 새날의 새벽이 온다.

영혼의 어두운 밤과 욕구

하나님은 우리를 사랑으로 창조하시고 보배롭게 보시고 존귀하게 여기신다. 하나님은 "네가 내 눈에 보배롭고 존귀하며 내가 너를 사랑하였은즉"(사 43:3)이라고 선언하셨다. 우리를 향한 하나님의 마음은 평안이다. "너희를 향한 나의 생각은 내가 아나니 재앙이 아니라 곧 평안이요 너희 장래에 소망을 주려하는 생각이라"(렘 29:11). 그러나 에덴의 이야기가 분명하게 증언하듯이 우리에게는 유혹 욕구가 포함되어 있다. 토마스 머튼(Thomas Merton)은 "우리 안에는 천국을 향한 욕구, 하나님의 소유가 되기 원하는 타고난 욕구가 있다"고 하였다.[116]

하나님을 향한 우리의 기본적인 욕구는 하나님께서 주신 선물이다. 하나님이 "사람에게 영원을 사모하는 마음"(전 3:11)을 주셨기 때문이다. 우리의 생물학적 · 윤리적 · 영적 욕구는 잘못된 것이 아니다. 순수한 욕구에서 비롯되는 소망이나 열망이나 갈망 같은 특성은 하나님이 주신 자연스러운 것이다. 이런 욕구는 우리의 삶에서 중요한 역할을 할 뿐만 아니라 창조를 낳고 복지를 증진시키기도 한다. 그러나 하나님이 주신 이러한 자유의지는 왜곡되기 쉽다. 왜곡된 자유의지 또는 욕구는 집착의 특성으로 변한다. 이러한 집착은 더 움켜쥐고 더 많이 소유하기 위해 많은 윤리적 문제를 낳고 갈망의 대체물을 찾는다. 메이는 인간의 이러한 특성을 다음과 같이 설명하였다.

> 우리가 하나님을 향한 열망을 우리가 집착하는 대상들을 통해 채우려 든다는 것이다. 예를 들면, 하나님은 우리에게 완전한 사랑을 주고자 하신다. 그러나 우리는 인간관계에서 완전한 사랑을 추구하며, 완전한 사랑을 받지 못할 때 실망한다. 하나님은 우리에게 궁극적 안정을 주고자 하신다. 그러나 우리는 권력과 소유에서 안정을 찾으려 하며, 그 결과 끊임없이 그것들에 대해 염려해야 한다는 것을 발견한다. 우리는 하나님과 무관한 수많은 방법으로 영적 열망을 만족시키고자 한다. 그리고 머지않아 절망하게 된다.[117]

우리는 하나님의 사랑스런 얼굴을 원하기보다는 만질 수 있고 느낄 수 있고 볼 수 있는 하나님의 창조세계 안에서 궁극적 만족을 찾는다. 하나님이 아닌 하나님의 창조물을 더 사랑하게 된다. 심지어 하나님의 창조물인 피조세계의 것들은 더 얻기 위해 하나님을 우상화시키기까지 한다. 즉, 더 움켜쥐고 더 많이 소유하기 위해 하나님도 대상화(it)시킨다. 우리는 하나님을 사랑하는 것이 아니라 하나님의 것을 더 많이 소유하기 위해 하나님을 사랑한다. 우리는 하나님 대신에 감각적인 것들을 숭배하고, 이것들에 정성을 기울이며, 시간과 에너지를 바친다. 대체 중독이 심화된다. 즉, 대체 중독은 우리의 가장 깊고 진정한 욕구의 대상이며 근원인 하나님의 사랑을 대체한다. 하나님의 인격성을 대상성으로 전환한다.

마치 탕자가 아버지와의 관계보다 물질에 더 집착했던 모습과 같다. 이렇게 아버지(Thou)보다 아버지의 것(it)을 더 사랑했던 탕자의 귀향 여정을 가리키는 영적인 명칭이 많다. 정화, 성화, 욕구의 변화, 영혼의 어두운 밤 등이다.

영혼의 어두운 밤의 의미

십자가의 요한이 말한 '어두움'은 우리가 보편적으로 삶의 여정에서 겪게 되는 고난과 시련과 같은 것이 아니다. 요한이 사용한 '어두움'이란 용어는 스페인어 '오스쿠라'(oscura)이다. 오스쿠라는 단순히 '컴컴함'이다. 어두움이란, 밤에는 사물을 보기가 힘든 것처럼 하나님과 인간의 가장 깊은 관계가 인간의 의식적인 깨달음으로부터 가려져 있다는 것을 의미한다.

우리가 더 많이 하나님을 바라볼수록 우리의 시야는 점점 더 어두워지게 된다. 왜냐하면 우리는 우리가 경배하는 하나님의 빛과 그 순결하심에 눈이 멀기 때문이다. 영혼의 어두운 밤은 우리가 하나님의 순결함의 빛을 보게 되면 우리는 더 많이 보는 것이 아니라 더 적게 보게 되는 것과 같은 것이다. 찬란한 빛은 어두워진 시력을 초래한다. 어두우면 어두울수록 성장의 가능성은 더 크다. 어두운 밤에는 하나님의 역설이 숨겨져 있다.

요한은 어두움 밤을 하나님께서 우리를 돌보시는 '인도의 밤'이요, '새벽보다 더 친절한 밤'이라고 역설했다.[118] 십자가의 요한이 말하는 어두운 밤은 영혼이 초보 단계에서 숙련 단계로 진보하는 여정에서 경험하는 신호이다. 십자가의 요한이 말하는 어두운 밤은 우리가 한때 믿음의 실천과 기도를 통해 누렸던 기쁨을 잃어버리는 경험과 여정을 말한다.

영혼의 어두운 밤의 신호

영혼의 어두운 밤의 현상에 대해 파악하는 것은 쉬운 일이 아니다. 왜냐하면 밤의 현상은 모호하고 신비로운 것이어서 우리의 힘으로는 파악하기가 힘들기 때문이다. 요한은 어두운 밤의 모호함과 혼동을 극복할 수 있도록 돕기 위해서 진정한 어두운 밤의 경험과 그 밖의 잠재적인 원인들인 죄와 결함, 연약함, 욕망, 우울증과 신체적 질병을 서로 구별할 수 있는 세 가지 신호에 관하여 설명했다.119)

영혼의 어두운 밤의 첫 번째 신호는 기도와 삶 속에서 지속적이고 만연된 건조함과 불만족과 메마름에 대한 경험이다. 기도와 같은 영성생활을 통해서 누렸던 기쁨과 충만함이 사라지는 경험이다. 하나님은 정신의 모든 기능인 감정과 느낌들, 감각적인 것들과 영적인 것들, 외부적인 것과 내부적인 것을 고통스러울 정도로 드러내신다. 즉, "지각은 어두움 속에 내버려 두시고, 의지는 메마르게 하시고, 기억은 공허하게 하시고, 영혼의 감각들은 가장 깊은 고통과 비통과 곤경 안에 두시며, 사랑의 감정을 저버리고, 영혼이 영적인 것들을 통해 누렸던 이전의 달콤함은 멀리 두신다."120) 단맛에 중독되어 있는 영혼을 정화시키신다. 왜냐하면 영혼은 감각적인 단맛 중독증에 빠져 있을 뿐만 아니라 영적 단맛에도 중독되어 있기 때문이다.

요한은 무미건조함의 지속적인 경험은 영혼의 어두운 밤과 자신의 죄와 결함 때문에 발생하는 것 사이를 구별해 주는 증거라고 했다. 자신의 죄와 결함으로 발생하는 고통이나 밤은 보통 다른 것들 속에서 어느 정도의 만족감을 누릴 수 있고 어느 정도의 시간이 흐르면 예전으로 회복이 가능하다. 하지만 영혼의 어두운 밤에는 예전 방식들이 모두 공허해 보일 뿐만 아니라 똑같은 방식으로 다시 기도하거나 삶을 이어갈 수 없다는 것을 발견하게 된다.

영혼의 어두운 밤의 두 번째 신호는 예전의 기도 방식이나 영성생활의 방식에 대한 욕망이 저하되는 현상이 나타난다. 즉, 이러한 현상이 나타날 때 한동안 익숙했던 기도의 방법들과 영성생활을 위해 더 많이 노력해도 열망은 사라나지 않는다. 예를 들어 서술하면, 영혼의 어두운 밤에는 한동안 새벽기도에 나가서 열정적으로 부르짖고, 공적인 예배에 성실하게 참석을 했지만 이제는 그런 열정이 사라지게 된다. 이러한 경험은 타락한 것처럼 느껴질 수 있다. 왜냐하면 자신의 영적 삶이 퇴보하고 있는 것처럼 여겨지기 때문이다. 이런 경험은 영혼에게 고통과 슬픔과 불안과 같은 현상이 발생할 수도 있다. 이러한 현상은 반드시 우울증과 같은 침울함이나 그 밖의 어떤 기분에서 기인한 것만은 아니다.

영혼의 어두운 밤의 세 번째 신호는 "내적인 고요함과 평안함 가운데서 하나님의 사랑스러움을 인식하며 그 안에 혼자 머무르길 원하는 형태로 나타난다."[121] 어두운 밤을 경험하는 과정에 있는 사람은 하나님과 함께하며 이성적 사고와 걱정과 노력을 내려놓고 하나님의 사랑 안에서 쉬기를 원한다. 영성생활과 관련된 어떤 규범적인 훈련이나 행동 없이도 내적인 평화와 고요함 속에서 하나님에 대한 사랑어린 인식 가운데 홀로 머무르고 싶은 열망이 일어난다. 요한은 이 세 번째 신호가 어두운 밤의 가장 확실한 신호라고 했다.

영혼의 어두운 밤의 목적

우리는 우리의 예전의 기도의 방식이나 영성생활을 통해 경험했던 만족들이 사라져버린 것 같은 느낌이 들 때 당황하게 된다. 그리고 다른 형태의 기도를 시도해 보아도 만족을 얻지 못하게 되면 하나님께 불만을 터뜨릴 수 있다. 더 성실하게 기도해 보아도 하나님이 아무 반응이 없다고 느낄 때 우리는 혼란에 빠지게 된다.122) 우리는 이런 현상을 예레미야와 하나님의 관계에서 볼 수 있다. 하나님은 예레미야에서 "너희는 내게 부르짖으며 와서 내게 기도하면 내가 너희를 들을 것이요 너희가 전심으로 나를 찾으면 나를 만나리라"(렘 29:12-13)라고 하였다. 그러나 예레미야는 "여호와여 주께서 나를 권유하심으로 내가 그 권유를 받았사오며 주께서 나보다 강하사 이기셨으므로 내가 조롱거리가 되니 사람마다 종일토록 나를 조롱하나이다"(렘 20:7)라고 말하였다. 우리의 영적 여정 가운데서도 예레미야와 같은 경험을 종종 하게 된다.

우리가 영혼의 어두운 밤을 경험할 때 우리 안에서 사라지는 것은 하나님 자체가 아니라 단지 하나님에 관한 우리의 개념, 이미지, 감각일 뿐이다. 이러한 경험은 우리에게서 개념과 이미지와 감각으로부터 형성된 신적 우상들에 대한 애착을 제거해 주며, 나아가 진정한 하나님을 인식할 수 있도록 해 준다.123) 또한 이러한 경험은 하나님께서 우리를 버리시기 위함이 아니라 우리가 하나님과 연합할 수 있도록 준비시키는 과정이다.

우리는 영혼의 어두운 밤을 통해 마치 내성을 경험하는 중독자들처럼 더 많은 만족감을 누리기 위해 점점 더 강력한 감각적인 자극을 원하고 있음을 깨닫게 된다.124) 요한은 이러한 부절제 또는 중독을 우리가 억누르기 힘든 하나님 추구로 규정한다. 우리는 만족을 찾기 위하여 쉬지 않고 애쓰지만 우리 자신도 모르는 사이에 잘못된 길에 들어서게 된다. 하나님의 선하신 것들을 우상으로 섬기게 된다.125) 어두운 밤이 우리의 우상을 무너뜨리기 시작할 때에야 비로소 자기 자신이 너무 무디어져

있고, 하나님이 아닌 우리 욕망과 애착이 만들어낸 우상을 섬기고 있다는 것을 발견하게 된다.[126]

영혼의 어두운 밤과 정화

십자가의 요한에게 영혼의 어두운 밤은 가장 근원적이고 본질적인 창조를 위한 밤이다. 그는 빛과 어두움, 성취와 박탈, 자기를 비우는 것과 자기를 찾는 것을 분리하지 않았다. 두 측면이 분리됨 없이 합하여 있다. 왜냐하면 하나님이 스스로 그의 영광의 어두운 측면을 원하시기 때문이다. 하나님은 항상 그 자신의 다른 측면이다. 십자가의 요한에게 밤은 항상 정화, 감각의 발가벗김의 상징이었다. 감각적인 맛에 중독되어 있는 우리에게 필요로 하는 박탈이었다. 십자가의 요한은 우리 자신에 의하여 성취된 능동적인 단계와 하나님에 의하여 비롯된 정화의 능동적인 단계를 구분하였다. 하나님에 의하여 비롯된 정화의 능동성은 우리로 하여금 능동성으로부터 수동성으로 전환하게 한다. 이러한 수동성에서 우리는 분석하고 출구를 찾는 것을 그만두게 된다. 그것은 공허감에 빠지게 한다. 묵상은 무방비하게 만들고 그것은 우리를 어두운 밤으로부터 나오게 한다. 이것은 영혼에게 사랑의 경험이다. 십자가의 요한에 의하면 사랑의 경험, 하나님과 그의 사랑의 역사는 건조함과 신비적 약혼의 변화에 의해 수반되며 필연적으로 고통을 포함하는 하나님을 향한 자기 전달의 변화이다. 우리에게 어두운 밤이 필요한 것은 머튼이 말하였듯이 우리의 거짓 자아에 직면하여 그 거짓 자아를 정화해야 하기 때문이다. 그는 "난공불락의 자기도취에 의한 안정감을 설정하는 일은 도저히 있을 수 없다. 우리는 기도를 통해서 수치스러움과 거짓된 자아의 모욕감을 직면해야 한다."고 하였다.127)

영혼의 어두운 밤은 우리의 기도에서 하나님을 조우하지 못하고 하나님이 주신 것에 붙들려 있는 우리를 해방시키시는 밤이다. 우리는 하나님이 아니라 우리의 감각과 선한 행위도, 우리가 심지어 하나님이라고 부르는 그 이름조차도 우리에게 우상화되어 있기에 하나님은 어두운 밤을 통해서 우리를 정화시키신다. 독일의 한 익명의 신비주의 작가는 '내버려둠'이라는 편지에서 다음과 같이 썼다.

하나님을 내버려두는 것을 배우라. 감추어진 하나님을! 작은 동전 한 닢을 잃어버리도록 하라. 그래야 큰 동전을 찾으리라. 물을 버리라. 그래야 너는 포도주를 길을 수 있으리라. 피조물은 강하지 못하여

> 너에게서 하나님을 빼앗거나 네가 원한다면, 가장 최소한의 자비도 빼앗을 것이다.[128]

저자가 의미하는 것은 나와 세계와 하나님에 관련한 내버려둠이다. 세계를 내버려둔다는 것은 재산과 돈과 삶의 안전함에 도움이 되지만 쉽게 삶의 주인이 되는 모든 것을 버린다는 것이다. 나를 내버려둔다는 것은 업적, 성공, 외모를 뒤로하는 것 뿐 아니라 자신의 감정과 기분들, 무엇보다 우울한 기분도 버리는 것을 말한다. 하나님을 내버려두는 것은 일정한 방법으로 나타나시는 하나님을 내버려두고 우리에게 사용되도록 주어진 동전이나 물건처럼 그렇게 익숙한 하나님을 내버려두는 것이다.[129]

영혼의 어두운 밤과 하나님의 침묵

영혼의 어두운 밤은 하나님의 침묵의 밤이다. 하나님의 부재를 경험하는 밤이다. 그러나 하나님의 침묵이 우리에게는 어두운 밤이지만, 영적 여정에서 어두운 밤은 우리를 변형시키시고 더 깨끗하게 하기 위한 하나님의 '커리큘럼'이다. 에르나 반 드 빙켈(Erna Van Ed Winckel)이 어두운 밤의 의미를 설명하면서, "빛이

숨어 있는 곳은 언제나 어둠이 가장 짙게 깔려 있는 그곳이다. 우리는 우리 삶 어느 곳에서나 대극의 역설을 발견한다."라고 했다.130) 데이비드 베너(David Benner)는 어두운 밤의 의미를 다음과 같이 설명하였다.

> 때로 우리는 하나님이 침묵하시는 것처럼 보이는 '영혼의 어두운 밤'을 경험하게 된다. 그러나 그때에도 우리가 하나님의 임재를 확신할 수만 있다면, 우리는 하나님의 인도를 따라 더 깊은 성장과 하나님과의 친밀함의 자리로 나아갈 수 있다. 종종 하나님의 임재가 감추어져 있는 이유는 우리가 그분을 잘못된 장소에서 찾기 때문이다. 세상 끝 날까지 우리와 함께 있기로 약속하신(마 28:20) 하나님은 때로는 우리가 인식하지 못하는 방식으로 우리와 함께하신다.131)

어두움이 빛에서 분리될 수 없듯이 때로는 침묵도 사랑에서 분리될 수 없다.132) 우리가 기도할 때 하나님은 때로 침묵하실 때가 있다. 이때 하나님의 침묵은 우리로 하여금 진정한 기도는 어떤 결과에 하나님을 종속시키거나 기도의 가치를 평가하려는 유혹을 극복함으로써 누리게 되는 하나님 체험이라 할 수 있다. 결과에 관계없이 하나님과 바른 관계를 회복하는 것이 기도의 핵심이다. 성숙한 기도는 우리의 왜곡된 표상 안에 하나님을 가두어 놓는 것을 그치는 것으로부터 시작되기 때문이다. 또한 기도는 우리가 채우는 시간이기보다는 비우는 시간이다. 때문에 이러한 기도 이해는 우리의 영적 성장에 다른 관점을 제공한다.

우리는 영적 성장과정에서 얻어야 할 것보다 버려야 할 것이 훨씬 많다. 우리는 영적 성장을 으레 더 많은 것을 채우거나 어떤 것을 더 습득하는 것으로 생각한다. 영적 성장의 본질적 목적과 과정은 교육이 아니라 변화이다. 더 많은 것을 습득하거나 채우는 것이 아니라 변화인 것이다. 변화는 우리의 낡은 방식들이 정화되고 자유하게 되며 구속받는 기존의 틀을 버리는 과정이다. 영적 성장은 버리고 바꾸고 정화시키고 조건화에 대한 속박으로부터 자유롭게 한다. 또 우리를 사랑으로 이끈다.

하나님의 침묵으로서 욥의 영혼의 어두운 밤

영혼의 어두운 밤은 성경에도 자주 등장한다. 예수님도 어두운 밤을 경험하셨다. 십자가에서 하나님으로부터 버려진 것과 같은 끔찍한 고통과 하나님의 침묵을 경험하신 것이다. 하나님은 골고다 언덕에서 사랑하는 아들을 외면하셨다. 예수님은 이때 하나님의 부재를 경험하셨다. 예수님은 끔직한 고통 속에서 "나의 하나님, 나의 하나님, 어찌하여 나를 버리셨나이까"(마 27:46)라고 외치셨다.

우리는 어두운 밤을 영적 퇴보나 하나님의 심판으로 여기는 경우가 있다. 그 이유는 우리가 무엇이든지 잘 되고 좋게 느껴져야 한다는 감각적 문화 속에서 살고 있기 때문이다. 이런 감각적 문화에 길들여진 우리는 욥기를 읽을 때 난관에 부딪힌다. 놀랍게도 의로운 삶을 살고 있던 욥이 '영혼의 어두운 밤'에 직면했기 때문이다. 그러나 욥은 영혼의 어두운 밤을 통해 밤의 신비를 경험하게 된다. 역설의 신비를 경험하게 된다. 밤을 통해 주시는 하나님의 은혜의 신비를 경험하게 된다. 그는 어두운 밤을 통해 그의 신앙의 언어를 바꾸는 체험을 한다. 욥은 이렇게 말한다.

주께서 못 하실 일이 없사오며 무슨 계획이든지 못 이루실 것이 없는 줄 아오니 무지한 말로 이치를 가리는 자가 누구니이까 나는 깨닫지도 못한 일을 말하였고 스스로 알 수도 없고 헤아리기도 어려운 일을 말하였나이다(욥 42:2-3).

욥은 어두운 밤을 통해서 전에는 경험하지 못했던 하나님을 체험한다. 욥은 하나님의 따뜻한 사랑이 절망 속에서 바래져 갈 때도 확신을 가지고 이렇게 외쳤다. "그가 나를 죽이시리니 내가 소망이 없노라 그러나 그의 앞에서 내 행위를 변백하리라"(욥 13:15). 그에게 죽음과도 같은 고통으로 다가왔던 영혼의 어두운 밤은 그의 행위를 넘어서는 하나님의 침묵의 사역이었다. 그래서 욥은 이렇게 고백한다. "그가 왼쪽에서 일하시나 내가 만날 수 없고 그가 오른쪽으로 돌이키시나 뵈올 수 없구나 그러나 내가 가는 길을 그가 아시나니 그가 나를 **단련**하신 후에는 내가 **순금** 같이 되어 나오리라"(욥 23:10).

하나님의 치유로서 탕자의 영혼의 어두운 밤

신약의 탕자도 영혼의 어두운 밤을 경험한다. 탕자는 감각적인 욕구에 집착되어 있을 때는 아버지를 향한 욕구가 없었다. 하지만 역설적이게도 그의 감각적 욕구를 통해서 아버지를 향한 일차적 욕구를 되찾기 시작한다. 그러나 탕자의 아버지를 향한 욕구는 자신의 선택이 아니라 그의 비참함이었다. 그의 비참함은 아버지를 향한 욕구를 불러일으켰다. 그리고 아버지가 그를 집으로 초대한다. 다시 설명하면, 표층적인 차원에서 볼 때 탕자가 아버지를 찾아가는 것처럼 보이지만 심층적으로 보면 그의 아버지가 탕자를 초청한 것이다. 왜냐하면 탕자의 마음에 있는 자애로운 아버지가 그를 집으로 향하도록 하였기 때문이다. 집으로 가는 여정, 아버지 안에 안기는 여정은 그가 집착하며 중독되었던 감각적인 것들로부터 멀어지는 것이었다. 탕자가 아버지를 향해 가는 여정에서, 그가 집착의 대상으로 삼았던 것을 떠나보내는 데 수반되는 불가피한 메마름을 경험했을 때, 그는 고통과 불안을 경험했을 것이다. 이 여정에서 탕자의 감각적인 집착은 줄어들고, 아버지를 향한 마음은 더 충만해져 갔을 것이다. 그가 집에 도착하여 누리게 되는 기쁨은 감각적인 것이 아니라 아버지의 사랑이었다. 아버지의 돈이 아니라 아버지였다.

하나님께서 탕자의 영혼의 어두운 밤을 통해 우리에게 원하시는 것은 '아버지'이다. 탕자의 모습은 또한 우리의 모습이기 때문이다. "나는 다른 좋은 것들을 경험해 보았습니다. 정말 멋지고 아름다웠습니다. 하지만 내 마음이 진정 원하는 것, 내가 모든 것 중에 선택한 것은 바로 당신입니다."

우리는 영혼의 어두운 밤을 통해 하나님은 부재중에도 현존하신다는 영적 신뢰를 쌓게 된다. 이와 같은 신뢰를 형성한 사람은 진정한 자유를 체득하게 된다. 자신의 보잘것없는 세계관, 감각적인 것에 중독된 자기에 대해서는 죽고, 하나님에 대해서는 산다. 이러한 사람은 하나님의 현존에 마음을 열고 모든 것에서 그리스도를 보고, 그리스도 안에서 모든 것을 보게 된다. 이러한 사람은 하나님의 현존에 마음을 열고 세계를 사랑한다. 왜냐하면 모든 것에서 하나님을 보고, 하나님 안에서 모든 것을 보는 체험을 하기 때문이다.

하나님의 커리큘럼으로서 한나의 영혼의 어두운 밤

우리에게 잘 알려진 한나는 기도의 사람이었다. 한나는 에브라임 사람 엘가나의 아내였다. 하지만 엘가나는 한나가 아이를 낳지 못하자 자식을 얻기 위해 브닌나를 후처로 맞이했다. 한나는 '은혜를 받은 여자 또는 사랑스러운 여자'라는 뜻을 가진 여인이었다. 브닌나는 '진주 또는 다산'이라는 뜻을 가진 여인이었다. 성경에는 한나는 남편의 사랑은 컸지만 자식은 없었다. 브닌나는 남편의 사랑은 적었지만 자식이 있었고, 욕심이 많으며 질투심이 강한 여인이었다. 그녀는 여인으로서 자식을 가졌지만, 그것으로 만족하지 못했다. 엘가나가 자신보다 한나를 더욱 사랑했기 때문이다.

한나의 불임은 엘가나로 하여금 브닌나를 얻게 했지만, 엘가나는 한나를 지극히 사랑했던 것 같다. 브닌나가 한나를 괴롭히자 엘가나가 한나에게 "나의 사랑이 열 명의 아들보다 낫지 않으냐."라며 위로한다. 엘가나는 한나에게 제물의 분깃을 갑절로 주고, 갑절의 사랑을 주었다. 그러면 브닌나는 갑절로 한나를 괴롭혔고, 한나는 큰 슬픔으로 인해 음식도 먹지 못하는 고통까지 겪었다.

중요한 것은 한나가 아이를 낳지 못하는 것은 그녀의 생물학적 요인이 아니라 하나님께서 주신 영혼의 어두운 밤 때문이라는 것을 알 수 있다(삼상 1:5-6). 한나의 불임은 하나님의 선한 뜻이 있었지만 말할 수 없는 메마름과 고통을 겪어야만 했다. 한나의 불임이 여호와께로 인한 것이기 때문에, 한나의 고통과 눈물과 메마름 역시 하나님으로 인한 것이었다.

한나의 영혼의 어두운 밤은 하나님의 선지자 사무엘을 낳기 위한 하나님의 커리큘럼이었다. 하나님의 일을 이루기 위한 영혼의 어두운 밤이었다. 한나의 아름다운 모습은 영혼의 어두운 밤에 사람들과 환경을 원망하기보다 하나님께 나아갔다. 여기에 한나의 아름다운 모습이 있다. 그녀의 어두운 밤은 위대한 선지자 사무엘을 낳기 위한 하나님의 능동적인 역사였다. 한나는 영혼의 어두운 밤에 이렇게 기도한다. "만군의 여호와여 만일 주의 여종의 고통을 돌아보시고 나를 생각하시고 주의 여종을 잊지 아니하사 아들을 주시면 내가 그의 평생에 그를 여호와께 드리고 삭도를 그 머리에 대지 아니하겠나이다"(삼상 1:11).

한나의 눈물을 보신 여호와께서 "한나의 기도대로 그녀를 생각하셨다." 여호와께서 한나를 기억하시고 곧 한나의 태를 여셨다. 한나가 아들을 낳아 그 이름을 사무엘이라 했다(삼상 1:19-20). 저녁에 울음이 찾아와 머물지라도 아침에 기쁨이 오는 것과 같다. 한나의 영혼의 어두운 밤은 축복을 위한 하나님의 커리큘럼이었다.

중보기도자와 영혼의 어두운 밤

중보기도 사역자가 기도생활에서 어두운 밤을 경험할 때 때로 견딜 수 없는 불안과 고통으로 다가오기 때문에 영적 질병이나 퇴보로 규정하고 해결하려고 몸부림 칠 수 있다. 어두운 밤에 영혼은 영적 생활이 종종 퇴보처럼 여겨지기도 하고, 삶이 점점 더 소극적인 모습으로 변화하는 것을 경험할 수 있다. 영혼의 침체를 경험하게 된다. 하지만 어두운 밤에 영혼은 퇴보처럼 느껴지지만 "침체나 퇴보로 보이는 것은 사실 비밀스런 의지력, 하나님이 그 사람의 마음속에서 행하실 일에 대하여 예라고 대답하는 것의 외면적인 모습일 수가 있다."133) 영혼의 어두운 밤은 우리의 습관적인 감각에 의해 형성된 우상들에서 벗어나 기도와 자유로 전환하는 과정이다. 때문에 중보기도 사역자는 어두운 밤이 점점 깊어질수록 자신의 지식이나 인식에 의지하여 생각하고 판단하려고 해서는 안 된다.134)

루이스는 "선하고 전능하신 하나님이 어떻게 고통스런 환란을 허락하시는가"에 대해 고민하였다. 그는 자기 부인이 암으로 죽었을 때 하나님은 확실히 그를 버리신 것 같았다고 느꼈다. 루이스는 크게 낙심하고 분노하기 시작했다. 그러면서 루이스는 하나님을 '우주적 자애주의'라고 부르면서, 신앙의 많은 부분에서 회의하기 시작했다. 그러던 어느 날 아침에 잠을 깬 루이스는 자신의 고통과 의심이 갑자기 사라진 것을 경험했다. 루이스는 이러한 자신의 경험을 통해 큰 교훈을 얻게 되었다고 고백한다. "당신의 눈이 눈물로 덮여있는 동안은 아무것도 제대로 보이지 않는다."135) 아무것도 보이지 않은 밤을 경험한 후에야 진정으로 볼 수 있는 것이다. 우리의 눈이 감각적인 것에 덮여 있을 때는 빛을 볼 수 없다.

한 여집사의 영혼의 어두운 밤 이야기다. 40대의 초반인 이 집사가 다니는 교회에서는 제대로 '믿고 행하면' 축복을 받는다고 가르쳤다. 그녀는 성경을 읽고, 새벽기도에 나가 기도하고, 모든 공적 예배에 빠짐없이 참석했다. 하나님께 제대로 하고 있음을 증명하기 위해 이 집사는 많은 노력을 했다. 그러나 그녀는 매우 고통스런 병과 씨름하게 되면서 영적인 혼란과 메마름을 경험하게 되었다. 기도를 통해 느끼던 하나님과 영적 만족감은 어느새 사라져 버렸다. 이 여 집사는 하나님께 많은 실망감을 느끼고, 신앙을 포기하고 싶은 마음이 들 정도의 위기까지 갖게 되었다.

　이렇게 영적으로 위기감을 겪고 있을 때 주변의 신앙인들은 이렇게 말을 하였다. "하나님을 마음으로 신실하게 의지하지 않았군요." "전에는 기도를 열심히 하는 집사였는데!" "더 믿음으로 하나님을 의지하고 기도해 보세요." 그러나 영혼의 어두운 밤에 메마름과 고통과 불안을 경험하면서도 이 여 집사는 하나님을 가깝게 느꼈던 때의 기억으로 가까스로 버티고 있었다. 하나님은 너무 멀리 계시고 하나님의 말씀이 마음에 와 닿지 않는 순간에도, 믿음을 가지고 조용히 말씀을 묵상하고 성도들과 교제를 계속했다. 이 여 집사에게 어두운 밤이 지나고 하나님께서 다시 그녀 곁으로 다가오셨다. 이제 그녀는 주님과 더 깊은 관계를 누리게 되었다. 자신이 거쳤던 시간들이 어두운 밤의 시간이었으며 하나님께서 자신과 더 깊은 사랑의 관계를 만들기 위해 배려하신 밤이었음을 깨닫게 되었다.

중보기도 사역자는 영혼의 어두운 밤을 경험할 때 자신에게 익숙하고 자신이 선호하는 영적 생활의 형태를 규정해 놓고, 그 형태로 자기 자신과 다른 기도의 동역자의 기도생활을 가치평가하려는 자세를 피해야 한다.

Lectures for Intercession Prayer

Special Lecture 23

중보기도를 위한 지침
Guidance for Intercession Prayer

교회는 중보기도 모임이 효과적으로 운영되게 하기 위해서는 다음 내용들을 고려할 필요가 있다.

- 교회는 중보기도 사역자들이 정기적으로 기도할 수 있는 공간을 마련해 주어야 한다. 교회는 기도의 용사들을 소중하게 여기고 배려해야 한다. 교회는 만민을 위해 기도하는 집이기 때문이다.
- 교회는 성경공부와 제자훈련과 같은 소그룹뿐만 아니라 기도 소그룹을 활성화시켜야 한다.
- 현대 그리스도인들의 주지주의적인 경향으로 인해 설교를 지적으로 듣고 성경공부와 같은 지적인 차원을 선호하는 경향이 강하다. 이런 시대적 경향에서 기도는 지식 신앙에서 체험 신앙으로 전환하는데 핵심적인 역할을 할 수 있다.

- 중보기도 모임의 담당자를 정하여 중보기도 일지를 작성하는 것이 좋다. 교회 공동체의 중요한 영적 자산이 될 수 있다.
- 중보기도 사역자들이 기도해야 할 목록을 구체적으로 작성하여 나누어 주는 것이 좋다.

중보기도 모임에 참여하는 사람들은 다음과 같은 자질과 함께 영적으로 준비되어 있어야 한다.

- 중보기도 사역자는 하나님의 사역에 참여하고 있다는 확신이 있어야 한다.
- 중보기도 사역자는 하나님은 인격적인 하나님이라는 확신이 있어야 한다.
- 중보기도 사역자는 하나님과 친밀감이 있어야 한다.
- 중보기도 사역자는 예수기도와 렉시오 디비나를 통하여 하나님과 동행하려고 힘써야 한다.
- 중보기도 사역자로서 다른 사람을 위해 기도할 때 감사하는 마음이 있어야 한다.
- 중보기도 사역자는 성령의 인도하심에 민감하며 죄를 멀리해야 한다.

중보기도 모임이 활성화되기 위해서는 중보기도 사역자들이 영적 친구가 되어 서로 위로하며, 서로에게 믿음의 확신을 주며, 서로 친밀한 교제를 나누어야 한다. 하지만 서로 주의해야 할 사항들이 있다.

- 개인이 부탁한 기도제목에 대해 기도를 마친 후에 개인적으로 궁금해하며 구체적으로 그 문제를 자주 묻거나 자세하게 알려고 하는 것은 바람직하지 않다.
- 어느 기도 방식이 옳으냐에 대해 서로 주장하지 않아야 한다.
- 기도에 대한 생각이 서로 다를 수 있다는 것을 인정해야 한다.
- 기도에 대한 추상적인 신학 토론은 피하는 것이 좋다.
- 자기가 생각하는 기도 방식이 좋다고 강요하지 않아야 한다.
- 기도를 통해 특정한 영적 체험을 서로 강요하지 않아야 한다.
- 자기의 주장을 하기 보다는 서로 잘 들어 주어야 한다.
- 유연한 사고를 가지고 항상 믿고 서로 기도해 주는 관계가 되어야 한다.

Lectures for Intercession Prayer

EndNotes
미주

1) Abraham Kuyper, *New Unto God* (Grand Rapids: CRC Publication, 1977), 16에서 재인용.
2) Patricia Loring, *Listening Spirituality* (Washington Grove: Openings Press, 1999), 3.
3) 달라스 윌라드, 『하나님의 음성』, 윤종석 옮김 (서울: IVP, 2010), 132.
4) 달라스 윌라드, 『하나님의 음성』, 133.
5) 제랄드 메이, 『사랑의 각성』, 김동규 옮김(서울: IVP, 2006), 115-16.
6) Morton Kelsey, *Dreams: A Way to Listen to God* (New York: Paulist Press, 1978)를 참조.
7) John A. Sanford, *Dreams: God's Forgotten Language* (New York: Crossroad, 1982)를 참조.
8) 영적 위안과 영적 황량에 대한 내용은 『영혼 돌봄을 위한 실천적 목회학』, 365-69의 내용을 요약한 것이다.
9) Ignatius of Loyola, *The Spiritual Exercises*, trans. Louis Phul (Chicago: Loyola Press, 1999), 316.
10) Ignatius of Loyola, *The Spiritual Exercises*, 317.
11) Ignatius of Loyola, *The Spiritual Exercises*, 315.
12) Ignatius of Loyola, *The Spiritual Exercises*, 322.
13) Ignatius of Loyola, *The Spiritual Exercises*, 321.
14) Ignatius of Loyola, *The Spiritual Exercises*, 323-324.
15) Ignatius of Loyola, *The Spiritual Exercises*, 330.

16) Ignatius of Loyola, *The Spiritual Exercises*, 336.
17) 김영봉,『사귐의 기도』(서울: IVP, 2007), 188.
18) Philip Yancy, *Disappointment with God: Three Questions No One Asks Aloud* (Grand Rapids: Zondervan, 1988), 235.
19) 하워드 L. 라이스,『개혁주의 영성』, 황성철 옮김(서울: CLC, 1995), 116.
20) John Calvin, *Institutes of Christian Religion*, trans. Ford Lewis Battles (Philadelphia: Westminster Press, 1975), III, xx, 34.
21) Marjorie J. Thomson, *Soul Feast: An Invitation to the Christian Spiritual Life* (Louisville, Kentucky: Westminster John Knox Press, 1995), 32.
22) 이 내용은 2006년 1학기에 필자에게 한 학생이 파커 팔머의『가르침과 배움의 영성』이란 책을 읽고 제출한 리포트의 일부분이다.
23) John Chrysostom, *Treatise Concerning the Christian Priesthood*, book 3, trans. W. R. W. Stephen, *A Select Library of Nicene and Post- Nicene Fathers of the Christian Church*, vol. 9, Philip Schaff, ed. (Grand Rapids: Eerdmans, 1956), 49.
24) William F. Andt and F. Wibur Gingering, *A Greek-English Lexicon of the New Testament and Other Early Christian Literature* (Chicago: The University of Chicago Press, 1979), 268.
25) 애들 알버그 칼훈,『영성훈련 핸드북』, 양혜원, 노문종 옮김(서울: IVP, 2008), 355에서 인용.
26) Marjorie J. Thomson, *Soul Feast*, 37.
27) 제랄드 메이,『사랑의 각성』, 330-31, 334.
28) Margaret Z. Kornfeld, *Cultivating Wholeness: A Guide to Care and Counselling in Faith Community* (New York, Continuum, 1998), 37.
29) Terry Johnson, *Leading in Worship* (Oak Ridge, Tenn: Covenant Foundation, 1996), 10
30) 토마스 키팅,『센터링 침묵기도와 영적여정』, 권희순 옮김(서울: 은성, 2007), 48.
31) Morton Kelsey, *Christo-Psychology* (New York: Crossroad, 1982), 11.
32) 데이비드 베너,『거룩한 사귐에 눈트다』, 노문종 옮김(서울: IVP, 2007), 202-203.
33) Michael Frost & Alan Hirsch, *The Shaping of Things to Come: Innovation*

and Mission for the 21st-Century Church (Massachusetts: Hendrickson Publishers, 2003), 105에서 인용.
34) Michael Frost & Alan Hirsch, The Shaping of Things to Come, 107에서 인용.
35) 리차드 포스터, 『영적 훈련과 성장』, 권달천 옮김(서울: 생명의말씀사, 1991), 68.
36) 리차드 포스터, 『영적 훈련과 성장』, 68.
37) 토마스 키팅, 『센터링 침묵기도와 영적 여정』, 30에서 인용.
38) 리차드 포스터, 『영적훈련과 성장』, 69.
39) 리차드 포스터, 『기도』, 송준인 옮김(서울: 두란노, 2003), 269에서 인용.
40) Michael Frost & Alan Hirsch, The Shaping of Things to Come, 106.
41) 실레스터 스노우버, 『몸으로 드리는 기도』, 허성식 옮김(서울: IVP, 2002), 93.
42) Brother Lawrence, The Practice of the Presence of God, trans. Robert L. Edmonson (Orleans, Mass.: Paraclete Press, 1985), 82.
43) 달라스 윌라드, 『마음의 혁신』, 윤종석 옮김(서울: 복있는 사람, 2005), 296.
44) 달라스 윌라드, 『마음의 혁신』, 297-98.
45) Karen R. Norton, Frank C. Laubach, One Burning Heart (Syracuse, NY.: Laubach Literacy International, 1990), 11.
46) Dietrich Bonhoeffer, Letters and Papers from Prison (London: SCM, 1953), 361.
47) Corrie Ten Boom, The Hiding Place (Minneapolis: World Wide Publications, 1971), 196-97.
48) Robert W. Pazmino, God Our Teacher (Grand Rapids: Baker Academic, 2001), chapter 1-6.
49) 달라스 윌라드, 『하나님의 음성』, 252-53.
50) Frederick B. Meyer, The Secret of Guidance (Chicago: Moody Press, 1997), 18.
51) Charles Stanley, How to Listen to God (Nashville: Thomas Nelson, 1985), 51.
52) Harold G. Koening, Michael E. McCullough, David B. Larson, Handbook

of Religion and Health (New York: Oxford University Press, 2001)을 참조.

53) Chester L. Tolson and Herold G. Koening, *The Healing Power of Prayer* (Grand Rapids: Baker Book House, 2003), 48.

54) H. G. Koening, Cohen, L K. Hays, D. B. Larson, D. G. Blazer, "Attendance at Religious Services, Interleukin-6, and Other Biological Indicators of Immune Function in Older Adults," *International Journal of Psychiatry in Medicine*, 27(1997): 233-50.

55) S. Lutgendorf, "IL-6 Level, Stress, and Spiritual Support in Older Adults," Harold G. Koening, Michael E. McCullough, David B. Larson, *Handbook of Religion and Health*, 278에서 인용.

56) T. E. Woods, M. H. Antoni, G. H. Ironson, and D. W. Kling, "Religiosity is Associated with Affective and Immune Status in Symptomate HIV-Infected Gay Men," *Journal of Psychosomatic Researches*, 45(1999): 165-76.

57) V. Carson, K. Huss, "Prayer," *Journal of Psychiatric Nursing and Mental Health Services*, 17/3 (1979): 34-37.

58) 월트 래리모어, 『하나님이 창조하신 건강한 사람』, 정지훈 옮김(서울: 조이선교회, 2007), 258-59.

59) R. Hummer, R. Rogers, C. Nam, C. G. Ellison, *Demography*, no. 36/2 (1999): 273-85.

60) O' Laoire, "An Experimental Study of the Effects of Distant, Intercessory Prayer on Self-esteem, Anxiety, and Depression," *Alternative Therapies in Health and Medicine*, 3, no. 6(1997): 38-53.

61) H. G. Koenig, K. I. Pargament, and J. Nielsen, "Religious Coping and Health Outcomes in Medically Ill Hospitalized Older Adults," *Journal of Nervous and Mental Disorders*, 186(1998): 513-21.

62) R. C. Byrd, *Sothem Medical Journal*, no. 81 (1998): 826-29.

63) K. Y. Cha, D. P. Wirth, R. A. Lobo, *Journal of Reproductive Medicine*, no 46/9 (2001): 781-87.

64) D. A. Mattews, S. M. Marlowe, and F. S. MacNutt, "Effects of Intercessory Prayer on Patient with Rtheumatoid Arthritis," *Southern Medical Journal*, 93 (2000): 177-86.

65) 제임스 패커, 『거룩의 재발견』, 장인식 옮김(서울: 토기장이, 2011), 259-68.

66) 제임스 패커, 『거룩의 재발견』, 262에서 인용.

67) Redford Williams, Virginia Williams, *Anger Kills: Seventeen Strategies for Controlling the Hostility That Can Harm Your Health* (New York: HarperTorch, 1998), 17.
68) Redford Williams, Virginia Williams, *Anger Kills*, 17.
69) 젤리그 플로스킨, 『화, 마음의 멘토』, 변정숙 유지훈 옮김(서울: 대서, 2010), 43에서 인용.
70) Evagrius, "Praktikos" in *Evagrius of Pontus: The Greek Ascetic* (New York: Oxford University Press, 2003), 76.
71) Gregory, *Morals on the Book of Job* (Oxford: John Henry Parker, 1844), XXXI, 45. n. 88.
72) 월트 래리모어 M. D., 트레이시 멀린스, 『하나님이 창조하신 건강한 사람』, 238에서 인용.
73) 일반적으로 발달(development)은 미숙하고 낮은 수준에서 보다 높은 수준으로 진행되어 가는 과정적 변화를 의미한다. (Daniel A. Helminiak, *Spiritual Development: Interdisciplinary* (Chicago: Loyola University Press, 1987), 49). 이러한 발달을 인간에게 적용하면 전 생에 동안 연령의 증가에 따라 발생되는 신체, 인지, 정서, 영성, 행동 등에 나타나는 내적이고 외적인 변화를 의미한다. 발달과 비슷한 의미로 성숙(maturation)과 성장(growth) 등의 유사 동의어가 사용되고 있으나 보편적으로 성숙은 질적 변화를 의미하는 것으로 사람의 생리적 현상과 같이 일반적으로 나타나는 변화를 말한다. 이런 관점에서 성숙은 경험이나 학습과 같은 외적인 영향에 의한 변화라기보다는 유전적이고 생물학적인 진보와 관련된 변화이다. 하지만 성장은 단계마다 성취해야 할 발달과업을 통하여 나타난 결과로 인한 변화이다(Jack L. Seymour and Donald E. Miller, eds., *Theological Approaches to Christian Education* (Nashville: Abingdon Press, 1990), chapter 2).
74) John Westerhoff III, *Will Our Children Have Faith?* (San Francisco: Harper & Row, 1976), 91-93.
75) John Westerhoff III, *Will Our Children Have Faith?*, 94-96.
76) John Westerhoff III, *Will Our Children Have Faith?*, 96-97.
77) John Westerhoff III, *Will Our Children Have Faith?*, 98-99.
78) 토마스 키팅, 『센터링 침묵기도와 영적 여정』, 142.
79) 토마스 키팅, 『센터링 침묵기도와 영적 여정』, 143.

80) 토마스 키팅, 『센터링 침묵기도와 영적 여정』, 141.
81) 폴 투르니에, 『인간치유』, 권달천 옮김(서울: 생명의말씀사, 2008), 102-103.
82) Larry Dossey, *Healing Words: The Power of Prayer and the Practice of Medicine* (San Francisco: HarperCollins, 1993), 175.
83) William R. Parker & Elaine St. Johns, *Prayer Can Change Your Life: Experiments and Techniques in Prayer Therapy* (New York: Prentice Hall Press, 1986).
84) 피터 와그너, 『방패기도』, 명성훈 옮김 (인천: 나눔터, 1996), 103에서 인용.
85) 피터 와그너, 『방패기도』, 104.
86) Nancy Pfaff, "Christian Leadership Attributes Dynamic Increase in Effectiveness to the Work of Intercessors," *Journal of the North American Society for Church Growth*, (1990): 82.
87) Nancy Pfaff, "Christian Leadership Attributes Dynamic Increase in Effectiveness to the Work of Intercessors," 83.
88) 낼슨 타이어, 『영성과 현대목회』, 이윤복 옮김(서울: 성광문화사, 1992), 95-96.
89) Kenneth Leech, *Spirituality and Pastoral Care* (Cambridge: Cowley Publications, 1989), 81.
90) John Currid, *A Study Commentary on Exodus* (Darlington: Evangelical Press, 2001), 2:277.
91) Philip Schaff, ed., *A Select Library of the Nicene and Post Nicene Fathers of the Christian Church*, Vol. XI: Saint Chrysostom (Grand Rapids: Eerdmans, 1956), 447.
92) 피터 와그너, 『방패기도』, 56.
93) 피터 와그너, 『방패기도』, 60-64.
94) 준 헌트, 『성경적 상담의 열쇠 I』, 최복순 옮김(서울: 도서출판 프리셉트, 2001), 161.
95) Jay E. Adams, *The Christian Counselor's Manual: The Sequel and Companion Volume to Competent to Counsel* (Grand Rapids, Mich.: Baker Book House, 1981), 128.
96) Edwin B. Stube, *According to Pattern*, 84, 피터 와그너, 『방패기도』, 39-40에

서 인용.

97) Duncan Buchanan, *The Counselling of Jesus* (London: Hodder and Stoughton, 1985), 105-106.

98) Duncan Buchanan, *The Counselling of Jesus*, 105.

99) Duncan Buchanan, *The Counselling of Jesus*, 106.

100) 프랜시스 맥너트, 『치유의 목회』, 신현복 옮김(서울: 아침영성지도연구원, 2010), 20-21.

101) 프랜시스 맥너트, 『치유의 목회』, 26-27.

102) *The Sayings of the Desert Fathers: The Alphabetical Collection*, trans. Benedicta Ward (Collegeville, MN: Cistercian Publications, 2005), 150-51.

103) *The Sayings of the Desert Fathers*, 159.

104) 기독교 초기 전통 중에 하나인 켈트 기독교는 아일랜드, 스코트랜드, 웨일즈 등에서 발견된다.

105) St. John Climacus, *Ladder of Divine Ascent*, trans. Colin Luibhead (New York: Paulist Press, 1982), 21, 27.

106) David Steindle-Rast, *Gratefulness: The Heart of Prayer* (New York: Paulist Press, 1984), 89.

107) 존 윌킨슨, 『성경과 치유』, 김태수 옮김 (서울: UCN, 2005), 383.

108) John Calvin, *Institutes of Christian Religion*, II, 1242.

109) 손석태, 『성경을 바로 알자』 (서울: CLC, 2012), 213.

110) *The Shepherd of Hermas* 56:3, trans. Bart Ehman (Cambridge, MA: Harvard, 2005), 25.

111) Benedicta Ward, ed., *The Sayings of the Desert Fathers* (Kalamanzoo, Mich.: Cistercian Publications, 1975), 144.

112) Richard J. Foster, *Celebration of Disciplines* (San Francisco: Harper & Row, 1988), 49.

113) Marjorie J. Thomson, *Soul Feast*, 75-77.

114) Dallas Willard, *The Spirit of the Discipline* (New York: Harper SanFrancisco, 1988), 180.

115) Fletcher Harper Swift, *Education in Ancient Israel: From Earliest Times to 70 A.D.*, 유재덕 옮김, 『고대 이스라엘의 종교교육 발생부터 AD 70년까지』(서울: 소망, 2012)를 참조.

116) Thomas Merton, *The Sign of Jonas* (New York: Harcourt Brace Jovanovich, 1953), 112.
117) Gerald D. May, *Addiction & Grace: Love and Spirituality in the Healing of Addictions* (New York: HarperSanFraneisco, 1988), 92-93.
118) St. John of the Cross, *The Dark Night of the Soul*, trans. E. Allison Peers (New York: Dover Publications, 2003), 47-49.
119) St. John of the Cross, *The Collected Works of St. John of the Cross*, trans. Kieran Kavanaugh and Otilio Rodriguez (Washington D.C.: ICS Publications, 1979), 140-41, 313-16.
120) St. John of the Cross, *The Dark Night of the Soul*, 46.
121) St. John of the Cross, *The Collected Works of St. John of the Cross*, 141.
122) 메이는 우리의 이러한 현상적 실존을 기능적 무신론(functional atheism)과 관련시켜 설명한다. 즉, 메이는 하나님을 우리의 지성과 의지로만 이해하고 우리 자신의 노력에 따른 자발적 성취만이 유일한 희망이라는 확신을 가지고 살아가는 삶을 기능적 무신론으로 규정했다(Gerald G. May, *The Dark Night of The Soul*, 130).
123) St. John of the Cross, *The Dark Night of the Soul*, 38-40.
124) Gerald G. May, *The Dark Night of The Soul*, 151.
125) Gerald G. May, *The Dark Night of The Soul*, 151.
126) Gerald G. May, *The Dark Night of The Soul*, 151.
127) Thomas Merton, *Contemplative Prayer* (New York: Image Books, 1971), 24.
128) Dorothee Solle, *The Silent Cry: Mysticism and Resistance* (Minneapolis: Fortress Press, 2001), 83.
129) Dorothee Solle, *The Silent Cry*, 83.
130) Erna Van Ed Winckel, 『융의 심리학과 기독교 영성』, 135.
131) David G. Benner, 『거룩한 사귐에 눈뜨다』, 137.
132) Kenneth Leech, *True Prayer*, 노진준 옮김, 『마음으로 드리는 기도』(서울: 은성, 1992), 176.
133) Gerald G. May, *The Dark Night of The Soul*, 172.
134) St. John of the Cross, *The Dark Night of the Soul*, 21-5.

135) C. S. Lewis, *A Grief Observed* (San Francisco: Harper & Row, 1989), 37.